Orizons

Daniel Cohen éditeur

www.editionsorizons.com

Témoins / Témoignages

Témoins, chez Orizons, s'ouvre au récit d'une expérience personnelle lorsqu'elle libère, au-delà de l'engagement moral et psychologique du sujet, des perspectives plus larges. S'il est vrai que chaque individu est un maillon indispensable à tel ensemble, les faits qu'il relate recouvrent tantôt un réel sociologique ou historique, tantôt une somme de détails grâce auxquels un *document* naît — en somme un acte personnel profitable au plus grand nombre. Ladite expérience renseigne et conduit, par ce qu'elle implique, à la réflexion. Biographie d'untel ou récit contracté d'un événement qui a dynamisé, voire transformé la vie de tel autre, geste d'une initiation collective parfois, sinon même miroir des nations prises sous le flash d'un œil par essence subjectif, *Témoins* dit et dira les hommes de toutes obédiences.

ISBN : 978-2-296-08866-5

L'auteur et les éditions Orizons remercient les éditions Gallimard de leur avoir permis de reproduire, en citations, les textes tirés de *Une femme à Berlin*, *Journal*, *20 avril-22 juin 1945*, dans la traduction de Françoise Vuilmart, pour les besoins du présent ouvrage.

Marta Hillers
Un scandale

Du même auteur

Femmes déportées. Histoires de Résilience, Éditions Des Femmes, Antoinette Fouque, 2006 ;

Charlotte Delbo, Entre Résistance, Poésie et Théâtre, Une *vie accomplie*, Éditions du Cygne, 2010 ;

Edith Stein, «*Le Livre aux sept sceaux*», coll. «Profils d'un classique», Éditions Orizons, 2011 ;

Daniel Cohen, *l'Écriture et la vie*, coll. «Contemporains», Éditions Orizons, 2014 ;

Marta Hillers, *Un Scandale*, coll. «Témoins», Éditions Orizons, 2014.

Françoise Maffre Castellani

Marta Hillers
Un scandale

Orizons

2014

Dans la même collection

Maurice Couturier, *Chronique de l'oubli*, 2008.

Josy Adida-Goldberg, *Les Deux pères*, 2008.

Chochana Meyer, *Un juif chrétien ?*, 2008.

David Mendelsohn, *Millau, terre d'accueil des Juifs*, 2010.

Olivier Larizza, *Couleur Mirabelle*, 2011.

Michel Arouimi, *Françoise Hardy : pour un public majeur*, 2012.

Paul Heutching, *Le bourreau a tué trois fois, réflexions sur des siècles de traites négrières*, 2012.

Olivier Larizza, *Le Tour de France dans tous ses états !*, 2013.

Ittamar Ben-Avi, *L'Enclave*, 2014.

Laurent Bayart, *Chroniques du tour de France*, 2014.

Françoise Maffre Castellani, *Marta Hillers. Un scandale*, 2014.

Introduction

A tale told by an idiot, full of sound and fury — signifying nothing.[1]

C'était le vendredi 27 avril 1945 à Berlin quand arrivèrent les Russes, «les Ivans», ainsi les surnommait-on; ils avaient gagné la bataille de Berlin: ils y avaient perdu plus de 80 000 hommes; à Stalingrad, ne l'oublions pas, les affrontements avaient fait, parmi eux, près de 480 000 victimes; leur désir de vengeance était donc très vif; la capitale du Reich fut détruite à 33 %, voire jusqu'à 70 % en centre ville; ce fut le début du calvaire des civils qui se réfugièrent dans le métro, dans des abris ou des caves pour se protéger des bombardements et des tirs d'artillerie. En plusieurs endroits, l'eau et l'électricité furent coupées et l'inondation d'une partie du métro, ordonnée par Hitler — il redoutait que, par cette voie, l'Armée rouge n'arrivât en cent vingt minutes à son bunker —, coûta la vie à un millier de personnes.[2]

En même temps, de la fin avril à la mi-juin, se déroula la tragédie des femmes, systématiquement violées, parfois assassinées, par les vainqueurs. S'il est impossible d'en préciser le

1. Une histoire racontée par un idiot, pleine de bruit et de fureur —, *Macbeth*, V, 5, 26. Cité par Marta Hillers à la fin de son *Journal*.
2. Voir sur Wikipédia «La bataille de Berlin».

nombre, trop rares celles qui ont parlé, on estime qu'il dut s'élever à plus de cent mille Berlinoises de tout âge et de toute condition — dix mille se suicidèrent (on ignore combien moururent de ces agressions) — cependant qu'ailleurs, en Allemagne, deux millions de femmes subissaient le même sort. Une tragédie longtemps occultée par les autorités soviétiques : il faudra attendre la chute du mur de Berlin et la réunification de l'Allemagne, en 1990, pour que soit évoqué ce sujet aussi délicat qu'horrible.

À propos des *Viols en temps de guerre*, on peut se référer aux enquêtes, ainsi titrées, réalisées sous la direction de Raphaëlle Branche et Fabrice Virgili, par quatorze journalistes,[3] en particulier la dernière, par Norman M. Naimark : « Russes et Allemands : viols de guerre et mémoires postsoviétiques » qui comporte quelques pages sur le personnage de cet ouvrage, Marta Hillers, dont j'avais à peine entendu parler : elle voulut rester anonyme sa vie durant (elle est morte en 2001) ; cela accrut mon désir de la connaître mieux.

C'était une journaliste d'une trentaine d'années au moment des événements ; elle avait fait ses études à Paris (où elle apprit notre langue), avait parcouru l'Europe du nord au sud, d'est en ouest, appareil photo en bandoulière et calepin à la main, et séjourné en URSS (où elle apprit un peu de russe qui, plus tard, lui servira beaucoup), une femme solide, énergique, curieuse, intéressée par tout ce qu'elle découvrait des pays, des sociétés et des gens ; elle ne reculait pas devant les difficultés mais était incapable d'imaginer dans quel gouffre la défaite de l'Allemagne allait la précipiter.

De la tragédie des femmes, témoigne son Journal intime, *Une femme à Berlin. Journal 20 avril-22 juin 1945*[4], paru aux éditions Gallimard, en 2006, dans la traduction française de Françoise Wuilmart. En le parcourant, on a d'abord

3. Éditions Payot et Rivages, 2011.
4. Titre original: *Eine Frau in Berlin*, Hannelore Marek, 2002, Eichborn AG, Frankfurt am Main, 2003.

l'impression d'un tohu-bohu infernal où s'entrechoquent explosions, cris et hurlements puis, en s'y attachant, on s'accoutume à la fureur et au bruit ; ils servent et amplifient la résonance de ce témoignage, littéralement hors norme, ainsi que nous le montrerons.

Mais sans doute la narratrice, qui écrivait sur ses genoux, ou en équilibre sur le rebord d'une fenêtre, n'avait-elle d'autre souci que de se maintenir en vie et de sauvegarder sa santé mentale.

Son Journal ne fut publié qu'en 1954, aux États-Unis par un journaliste et critique allemand, Kurt W. Marek, qui en rédigea la postface, dix ans après qu'elle l'eut écrit[5] ; on peut supposer qu'elle avait remanié son texte, ne serait-ce que pour le rendre déchiffrable.

Griffonné au jour le jour, sur de vieux cahiers d'écolier et sur des carnets où se mêlent signes sténographiques, écriture normale et écriture codée, il est vraisemblable que « l'anonyme » a voulu le récrire, du moins le mettre en forme pour son éditeur et ses potentiels lecteurs.

En a-t-elle envisagé après la guerre la publication en Allemagne ? Vivait-elle en RDA ? En RFA ? Dans les deux cas, elle n'a pas pu ne pas rencontrer d'autres survivantes des viols ; ces femmes, le plus souvent, se taisaient, écrasées par cette honte qui pèse toujours sur les rescapés de toutes les catastrophes, comme s'ils étaient coupables d'avoir survécu. Et peut-être alors Marta Hillers a-t-elle décidé de ne pas se taire ?

Quant à son Journal, oublié pendant quarante ans, il a retrouvé vie grâce à deux événements artistiques : le film réalisé, en 2008, par Max Färberböck, *Anonyma. Eine Frau in Berlin*, avec Nina Hoss qui, sans doute, lui ressemblait,[6] et, en 2010, la mise en scène à Paris, au théâtre du Rond-Point, par

5. Publié en anglais, le Journal fut immédiatement traduit en norvégien, danois, italien, japonais, espagnol et finnois.
6. Un DVD existe en allemand, sous-titré en anglais, à la boutique *Hors Circuits* à Paris.

Tatiana Vialle, de *Une femme* à *Berlin,* avec Isabelle Carré dans le rôle de l'anonyme ; événements qui, ainsi représentés, ont permis d'imaginer des personnages en chair et en os : les moins antipathiques, comme ses compagnons d'infortune terrés dans la cave où ils s'étaient réfugiés ; quelques-uns, sympathiques, trois Russes auprès desquels elle chercha protection et, surtout, retrouva l'estime d'elle-même ; cela lui valut d'être taxée de prostitution ; enfin les plus hideux, les « Ivans », le plus souvent ivres et assoiffés de vengeance.

Pourtant le texte, déconcertant dans sa froideur apparente, la stricte distance établie par la narratrice entre elle-même et les protagonistes du drame, dont elle ne paraît pas se préoccuper excessivement, n'en demeure pas moins riche d'émotions et de significations, qui fondent immédiatement l'intérêt de sa lecture, pour peu que l'on se garde de préjugés.

Il importe aussi de mentionner que le Journal — très mal reçu en Allemagne après avoir été publié en 1959 par une petite maison d'édition suisse, qui le diffusa, et plus mal encore en URSS et même aujourd'hui en Russie, a été lu — photocopié — à Berlin dans les années 1970-1980 par des étudiants et des étudiantes féministes, heureux de découvrir une femme qui contrevenait aussi singulièrement aux exigences de son sexe : pudeur, modestie, discrétion ; elle osait parler des viols qu'elle avait subis et vu faire subir avec un tel réalisme et une telle franchise qu'il était impossible de ne pas l'aimer : ces jeunes gens, passionnés d'histoire contemporaine, retrouvaient ce qu'ils savaient déjà, mais en face-à-face avec l'une d'entre eux qui avait vécu le nazisme, le bolchevisme, la guerre et les camps d'extermination.

Il faudra pourtant attendre 2002 pour que ce témoignage, dérangeant à l'Ouest comme à l'Est, soit à nouveau publié en Allemagne à l'initiative de Hans Magnus Enzensberger et devienne un succès de librairie.

Si l'authenticité de *Une femme à Berlin* a pu être contestée, le nom de la narratrice restant inconnu jusqu'en 2003 — à cette date, il fut révélé par un éditeur littéraire, Jens Bisky, qui ne l'aimait guère, et laissa entendre que Marta Hillers s'était compromise avec le régime hitlérien — l'histoire de la publication de son texte demeure compliquée : ajouts importants, réfections des carnets laissés à Kurt W. Marek ; parti aux États-Unis, il les remit à sa femme Hannelore. Celle-ci, le temps passant, dut les confier à son fondé de pouvoir avec lequel j'aurais souhaité pouvoir m'entretenir de Marta Hillers (après 1945, elle vécut encore soixante ans), mais il m'a été impossible de le joindre.

Sur ces entrefaites, mon éditeur, Daniel Cohen, me conseilla de m'adresser à l'ambassadeur de la République fédérale allemande, madame Suzanne Wasum-Rainer, qui eut l'obligeance de me communiquer aussitôt les coordonnées de Hans Magnus Enzensberger, auteur de la préface chaleureuse du Journal de « l'anonyme » : j'avais espéré recevoir quelques renseignements sur la vie de Marta Hillers après la guerre. En vain.

Il est probable, par ailleurs, que Kurt W. Marek, spécialiste des *scoops* littéraires[7], ne dut pas hésiter longtemps devant la polémique, voire le scandale, que ne manquerait pas de susciter aux États-Unis la publication du Journal dans le contexte de la guerre froide et des tensions entre les deux Allemagnes.

Quoi qu'il en soit, l'essentiel sera de montrer ce qu'il en est de ce texte « explosif », si mal reçu en Allemagne lors de sa diffusion en 1959 par la petite maison d'édition suisse, et toujours dans certains milieux — j'ai pu m'en rendre compte à une intervention d'une virulence ahurissante — et surtout, de chercher à comprendre comment une femme, placée dans des circonstances d'une exceptionnelle violence, a pu ne pas mourir, et pourquoi, pendant et après la tragédie, elle

7. Voir sur Internet, « Une femme à Berlin », un témoignage unique ? » Questions / Réponses.

a voulu dire la vérité envers et contre le *black-out* sur les atrocités commises par les Allemands et par les Russes, en prenant le risque de s'exposer à toutes les malveillances.

Et toi, qu'aurais-tu fait à ma place ?

À cette question, qu'aurait répondu la plus forte d'entre nous ? Pourquoi la plus forte ?

Parce que les autres, l'immense majorité, n'avaient gardé que les yeux pour pleurer. Ainsi ces femmes déportées à Ravensbrück, parfois violées par leurs libérateurs soviétiques, eux aussi, en ce même mois d'avril 1945 :

La Passion selon Ravensbrück[8]*:*

Enfin des soldats sont venus délivrer
celles qui n'étaient pas mortes
et les soldats les ont violées
Puis ils leur ont donné un peu de pain
et les ont renvoyées dans leur pays
Ces femmes ont trouvé leur pays ravagé
leurs maisons écroulées ou vides
leurs enfants dispersés indifférents ou morts
leurs hommes avec d'autres femmes
Et leurs hommes les ont chassées ou répudiées
Et ces femmes ont été dans leur pays
ou en d'autres
avec leur corps malade leur faiblesse
leur mémoire.

8. Sous ce titre a été publié, en 1965, aux éditions de Minuit, un recueil de poèmes de Micheline Maurel, toute jeune déportée à Ravensbrück pour faits de Résistance.

I

Vaincre la mort rend plus fort ![1]

Si l'on se représente le journaliste comme un écrivain du quotidien, que la violence extrême de la guerre a placé dans une situation menaçant de le détruire et l'obligeant à ne compter que sur ses propres forces, il est sûr que Marta Hillers correspond bien à cette image.

C'était en effet une femme forte depuis toujours, par tempérament, et grâce à l'éducation qu'elle reçut et à son travail de journaliste qu'elle accomplit *manu militari* en notant tout, en dessinant tout, en étudiant tout ; une femme peu soucieuse de son apparence, bien qu'elle fût jolie et de belle allure, sportive, aimant marcher et courir, dotée d'un humour qui la faisait s'imaginer en actrice sur une scène de théâtre, armée d'une volonté implacable qui lui garantissait de résister aux Ivans :

> «Je ricane intérieurement [...] Qu'en ai-je à faire de tous ceux-là ! Je n'ai encore jamais été aussi loin de moi-même, ni aussi aliénée à moi-même. Comme si tout sentiment était mort

1. p. 79.

> au-dedans. Seul survit l'instinct de survie. Ce n'est pas eux qui me détruiront. »[2]

Nous ne tarderons pas à nous en rendre compte.

Mais commençons par le décor qui, d'entrée, suggère un écrasement dans des lieux clos : une maison sous les bombes à Berlin, encerclée de canons, le « trois-pièces sous les toits » de la narratrice, d'autres appartements, et la « cave-caverne » au bout d'un escalier débouchant sur un long couloir où se distribuent, protégées par de lourdes portes de fer solidement fermées par deux leviers, les caves d'un immeuble de quatre étages à loyers modérés. Quant à l'immense cave où Marta Hillers vécut pendant deux mois avec une trentaine de personnes, elle avait été baptisée « caverne », « monde souterrain », « catacombes de la peur », « fosse commune ». C'est là que tous les soirs, « le vieux Schmidt » se livrait à des calculs statistiques d'après lesquels « la forêt de poutres » soutenant le plafond « [résisterait], même si tout le bâtiment [s'effondrait]. » Ses calculs s'avérèrent justes !

La couleur dominante du décor est le rouge : celui de l'armée et du drapeau du même nom, du sang des morts et des blessés, du ciel « chargé de nuages rouge sang », de la pièce « traversée de lueurs rouges », des canons qui « crachent leur langue de feu en gerbes successives », du « rouge lumineux des croix du cimetière (russe) », du « feu des tirs et [du] rougeoiement des incendies », du petit feu que l'un des résidents de la cave avait « alimenté de littérature nazie ».

Cette couleur trouant l'espace ténébreux où se débattent les vivants et où se jouera la tragédie, rivalise d'agressivité avec le vacarme des bruits.

> « Ça fusait, ça sifflait, ça crachait » : vitres qui explosent, effondrement des immeubles et des magasins, déflagrations des canons antiaériens, grondements des « orgues de Staline (les tirs

2. p. 111.

> des batteries lourdes) que les Russes ont baptisées du tendre nom de *Katiouchas* et auxquelles les soldats ont dédié un chant tout spécial. Les Katiouchas hurlent à la mort comme des loups. »[3]

À l'arrière-plan, avec un peu de recul, le lecteur peut imaginer deux Allemagnes : celle d'avant la guerre, redevenue riche et puissante du fait de la quasi-suppression du chômage depuis les grands travaux décidés par Hitler, lignes ferroviaires et axes routiers gigantesques, et celle d'après-guerre, exsangue et en ruines dans la boue du nazisme, et entendre, comme répercuté par des haut-parleurs, un bruit assourdissant.

Marta Hillers, de son côté, se contente d'écrire :

> « le *Volkssturm* (la milice levée par Hitler à la fin de la guerre) a battu en retraite au coin de la rue, leurs tirs résonnent et vibrent jusqu'à notre abri. »[4]

C'était le 26 avril, la veille de la catastrophe. À partir de cet instant, les tableaux vont se succéder, l'agitation et l'affolement s'accroître, les personnages se heurter entre eux, ce qui donnera lieu à quelques scènes cocasses, puis à leurs ennemis : d'un côté, il y aura ceux avec lesquels on essaie de faire quelque chose, de l'autre, ceux contre lesquels on ne pourra rien faire.

Trois premiers tableaux

— D'abord, le vendredi 27, la chambre de Marta, pratiquement vide. Les objets qui meublaient son logement antérieur

3. p. 114.
4. p. 78.

s'étaient déjà volatilisés, soufflés lors d'une explosion : ses livres, ses cadres, ses photos, ses disques, sa cithare, de vieilles lettres, un tricot entamé, et quelques autres.

> « Maintenant que tout est parti et qu'il ne me reste plus qu'une valise de vieilles frusques, je me sens nue et légère. Parce que je n'ai plus rien, tout m'appartient. »

Cela noté avec philosophie, elle teste ses connaissances de russe avant de s'endormir, un russe élémentaire qui allait lui revenir, écrit-elle, car elle avait « toujours eu des facilités avec les langues », et qu'elle s'y était remise d'arrache-pied.

— Brusquement réveillée à cinq heures, elle entend chuchoter : « Ils sont là ». Elle rampe alors sur les genoux jusqu'à la fenêtre et voit « les canons russes antiaériens [qui] viennent de tourner le coin — quatre girafes de fer ; longs cous menaçants, hauts comme des tours »[5], relève-t-elle, avec ce ton détaché et ce sens de l'image qui la caractérisent. Des automobiles s'arrêtent le long du trottoir. Elle descend à la cave, en remonte aussitôt avec celle qu'elle appelle « la veuve », et elles distinguent « des types aux crânes larges et massifs, tondus, bien nourris, insouciants. » Marta Hillers commente :

> « Qui arriverait jamais à représenter ceci : le monde souterrain de la grande ville, qui se dissimule dans la peur. »

Elle y est parvenue, grâce à cette qualité d'observation qui fait le journaliste.

Dehors, le ciel était bleu, sans nuages, et la lumière vive.

5. p. 80-81.

— À midi, elle aperçoit le premier Ivan sur le chemin de leur cave, « une sorte de paysan aux joues bien rouges, qui clignait des yeux en inspectant nos gens à la lueur d'une lampe à pétrole. » « Que désirez-vous ? », lui demande-t-elle en russe, « d'une voix rauque, soudain enrouée », « *Schnaaaps* », ricane-t-il. Personne n'en a dans la cave et il tourne les talons, tandis que sur la chaussée, des Russes enfourchent des bicyclettes, sans doute volées, s'exercent à rouler, se reçoivent contre les arbres et pouffent de rire comme des enfants :

> « Je sens certaines angoisses s'évanouir. Après tout, les Russes ne sont aussi « que des hommes »,

et il [sera] facile de les tenir en haleine, de les dévoyer ou de nous en débarrasser, avec nos ruses et nos stratagèmes de femmes »,[6] estime-t-elle à ce moment, non sans optimisme.

Avant de le montrer, précisons quels étaient les protagonistes de la tragédie et leurs rôles respectifs.

Deux autres tableaux

— D'abord, la communauté de la cave, « un amalgame de petits et de gros bourgeois, entremêlés de quelques prolétaires »[7] : globalement vingt-trois femmes et huit hommes, auxquels s'ajoutaient d'autres personnes arrivant à l'improviste, un Journal lourd de menaces à la main, et repartant aussitôt. Sans être vraiment antipathiques, ils ne sont pas non plus très sympathiques, à quelques exceptions près.

Parmi les exceptions, la veuve du pharmacien, cinquante ans, « qui a suivi une formation de secouriste et qui fait parfois les cartes qu'elle étale pour d'autres femmes sur deux chaises rapprochées » et Mlle Behn, plus jeune, « postière,

6. p. 84.
7. p. 27-29.

célibataire et culottée», présentée comme «la jument dominante» ou «le chef de meute»: l'une et l'autre joueront un rôle non négligeable, la première, en soignant les blessées et en faisant la cuisine, la seconde, en se faufilant dans la rue pour capter des nouvelles et en appelant au combat.

Les hommes, de leur côté, ne sont guère flattés, ainsi «Schmidt (le spécialiste des calculs prévisionnels), le sinistré, affecté ici, grossiste en rideaux sans rideaux et radoteur infatigable en dépit de son grand âge» ou, «Bossu et recroquevillé comme un nabot, le docteur en chimie de la fabrique de limonades»: ils ne joueront aucun rôle décisif.

Quant aux autres femmes, elles sont croquées elles aussi avec la même ironie sarcastique, par exemple «la gouvernante délaissée du propriétaire de la maison qui vient immanquablement avec son vieux fox-terrier sous le bras», ou «la petite fugitive de Königsberg, Prusse-Orientale, dans ses nippes rafistolées», ou les «trois sœurs d'un certain âge, des couturières qui sont blotties l'une contre l'autre et ressemblent à un gros pudding noir»: leur rôle se réduira à celui de victimes. Au total, conclut Marta Hillers, «nous sommes tout le saint-frusquin dont ne veulent ni le front ni le Volkssturm.» «Nous», c'est-à-dire les femmes et quelques hommes âgés ou qui avaient déserté.

N'oublions pas le bébé dans les bras de sa mère, ni son petit frère, Lutz, ni le canari des libraires, ni évidemment Marta Hillers qui se décrit

> «blondinette pâlotte, toujours vêtue d'un manteau d'hiver sauvé par hasard; employée dans une maison d'édition qui a fermé ses portes la semaine dernière et licencié l'employée "jusqu'à nouvel ordre"»,

ni un absent, Gerd, son ancien compagnon, qu'elle aimait et qui l'aimait, parti en guerre, revenu, et qui explosera de fureur lorsqu'elle lui aura raconté ce qui s'était passé:

« Vous êtes devenues aussi impudiques que des chiennes, toutes autant que vous êtes dans cette maison », lui dira-t-il élégamment.[8]

— Puis, les Ivans : des soldats formant les troupes de choc, chargés d'assurer une couverture à l'armée en liquidant les dernières résistances, et venus du fin fond de l'URSS ou tout banalement de l'Est, comme celui-ci qui se jeta sur elle, le 28 avril.

Il sent le schnaps et le cheval et la pousse vers le lit en la frappant ; elle ferme les yeux, serre les dents, jusqu'à ce qu'il déchire ses sous-vêtements et la viole.

> « Soudain un doigt sur mes lèvres, il pue le canasson et le tabac. J'ouvre les yeux. Les deux mains étrangères me desserrent adroitement les mâchoires. Les yeux dans les yeux. Puis, penché sur moi, il laisse tomber lentement, consciencieusement dans ma bouche, la salive accumulée dans la sienne.
> Je suis pétrifiée. Aucun dégoût, j'ai seulement froid. [...] Je me sens glisser et sombrer, profondément, à travers les coussins et les dalles, m'engloutir dans le sol... Voilà ce que c'est [le viol]. »[9]

Pétrification, « sidération », anesthésie, gel des sensations, même du dégoût, le froid seulement, impression de disparaître dans des éléments familiers, les coussins, les dalles, le sol.

Expérience terrible qui fait penser à celle de torturés, rendus tellement fous de douleur qu'ils en viennent à perdre

8. p. 383.
9. p. 107.

jusqu'à l'angoisse de la mort, et qui résistent encore une minute, encore une heure…

Je n'assimile pas le viol à la torture, bien qu'il fasse partie de son arsenal toujours et partout, et que, dans certains cas, il lui renvoie son spectre, par exemple lorsqu'il est infligé à des petites filles, à des jeunes filles, à des femmes vierges de tous âges, belles ou non, que les violeurs tailladent de coups de couteau, tentent d'étouffer, frappent, parce qu'elles leur résistent, et sur lesquelles ils s'acharnent, comme sur cette « religieuse, profanée vingt-quatre fois », selon « les ragots [qui] allaient bon train » chez le boulanger[10] se rappelle Marta Hillers qui, toujours circonspecte, en doute un peu, du moins jusqu'à ce qu'elle assiste elle-même à des scènes de ce genre ou les entende raconter de telle manière qu'elle n'osera plus les mettre en doute.

C'est pourquoi, non seulement à la lecture du Journal de Marta Hillers, mais plus encore à ce que nous savons des crimes perpétrés en temps de guerre, il est possible en définitive d'assimiler le viol à la torture, puisqu'il s'agit d'un crime de guerre considéré comme inévitable « dommage collatéral » et même comme crime contre l'humanité, lorsqu'il est commis de façon massive et organisée.

Rappelons brièvement la définition de ces deux types de crimes.

Le crime de guerre, concept aussi lointain que les lois de la guerre, établies sinon respectées par tous les belligérants depuis l'origine des sociétés, a été défini en 1945 au procès de Nuremberg où furent jugés les criminels et organisations nazis, responsables par exemple d'assassinats, de traitements cruels, inhumains, dégradants, infligés aux populations civiles, que ne justifiaient pas les interventions militaires.

Le crime contre l'humanité, concept beaucoup plus récent, a été défini en 1998 par la Cour pénale internationale composée de 110 États-membres, en tant que « violation délibérée et ignominieuse des droits fondamentaux des

10. p. 23.

individus ou d'un groupe d'individus, inspirée par des motifs politiques, philosophiques, raciaux ou religieux»; cette définition semble exclure le viol à titre rétroactif en Allemagne, mais nullement en ex-Yougoslavie et au Rwanda (c'est après les tragédies qui se déroulèrent dans ces pays que le viol fut déclaré crime contre l'humanité), alors qu'à la même date, le Statut de Rome l'incluait à l'article 7, parmi les crimes les plus abjects comme la torture, l'esclavage sexuel, la prostitution forcée, les grossesses forcées, et autres exactions du même ordre.

Les exemples surabondent dans toute l'Histoire et l'Algérie n'en a pas manqué. À son propos, je me suis référée à l'article de Raphaëlle Branche, «Viols pendant la guerre d'Algérie»[11], qui comporte une analyse, aussi précise que suffocante, du rapport entre le viol et la torture.

La même logique de terreur, explique-t-elle, sous-tend les deux pratiques du viol et de la torture, puisque l'un et l'autre sont exploités pour faire parler d'éventuelles «terroristes» et, par-delà ces très rares terroristes (on en a compté 2000), toute femme jugée suspecte, donc pratiquement toutes les Algériennes suspectes, par essence, en tant que femmes faciles à manipuler, et en tant que musulmanes, par définition, méprisables.

Viols et tortures furent ainsi utilisés sans grand problème de conscience par les militaires à l'exception de quelques-uns qui y répugnèrent, afin, et comme toujours, de signifier la supériorité du vainqueur (ce ne fut pas le cas en Algérie), sa puissance sexuelle, signe d'une virilité flatteuse, se traduisant dans une volonté de vengeance («ils» ont fait de même), déplacée des hommes sur les femmes, et mise en œuvre, lors d'interrogatoires, pour faire souffrir au maximum: brûlures sur les seins, électricité sur les parties sexuelles, pénétration avec un morceau de bois ou de bouteille, etc.

11. *Vingtième siècle. Revue d'histoire 75*, juillet-septembre 2002.

Et Raphaëlle Branche de préciser que, même si les femmes arrêtées et interrogées n'ont pas été toutes torturées et violées, «le viol [fut] sans conteste une torture de prédilection infligée aux femmes», qu'elles aient été, ou non, responsables d'actions violentes.

À ce titre, l'histoire de Djamila Boupacha est éloquente.

Beaucoup parmi nous se souviennent du supplice de cette jeune fille de vingt ans, arrêtée, torturée, violée de la plus horrible façon par des parachutistes et finalement condamnée: elle risqua la peine capitale lors de son procès. C'était en 1960.

Gisèle Halimi, décidée à la défendre, parvint à la rencontrer dans la prison où elle se désespérait depuis plus de cinq mois, et raconta[12].

Militante du FLN, Djamila, musulmane, très croyante, n'avait pas commis d'attentat, mais était sur le point de déposer une bombe. Arrêtée, on voulut lui arracher les noms de ses chefs. Elle n'en livra aucun, aussi s'acharna-t-on sur elle: seins brûlés à la cigarette, côtes cassées et viols avec une bouteille.

Horrifiée, Gisèle Halimi de retour à Paris, après avoir été expulsée, créa avec Simone de Beauvoir un comité de soutien, bientôt rejoint par des personnalités de tous les bords, Louis Aragon et Elsa Triolet, Jean-Paul Sartre, Geneviève de Gaulle, Gabriel Marcel, Aimé Césaire, Anise Postel-Vinay et Germaine Tillion (qui a fait l'impossible pour Djamila Boupacha).

Grâce aux actions de ce comité, le tribunal d'Alger fut dessaisi du dossier au profit de celui de Caen, et Djamila fut transférée à la prison de Fresnes, le 21 juillet, puis à celle de Pau. Elle y resta jusqu'à la signature des accords d'Évian, le 18 mars 1962: elle fut alors «amnistiée», en même temps que tous ceux qui, de près ou de loin, avaient participé aux événements.

Gisèle Halimi ajoute que dans le dossier d'instruction

12. *Le Monde*, 2 juin 1960, *Cri du cœur. Affaire Djamila Boupacha.*

se trouvaient des lettres de la jeune fille, de son père de soixante-dix ans qu'on avait torturé et qui criait « Vive la France ! Pourquoi vous me faites ça ? » et de sa sœur, enceinte, qui, torturée, avait fait une fausse couche.

Elle conclut :

> « Djamila Boupacha représente un peu symboliquement ce qui est important pour moi : la défense de l'intégrité physique et morale des individus, les droits de l'Homme, la lutte contre la torture, la lutte contre la colonisation. Mais en plus, c'était une jeune fille vierge de vingt ans qui avait été violée abominablement. »

La tragédie que vécut et raconta Marta Hillers, quoique très différente, ne fut pas moins atroce : ils étaient nombreux en effet, les Ivans, à fondre sur leurs proies, en bandes ou seuls, et le plus souvent ils furent ignobles.

Nous allons essayer de les imaginer en un unique tableau, une sorte de triptyque, avec des chasses à la femme, hantées de violence dans les caves et les maisons, et des hommes, dévorés par l'incendie — à l'exception de quelques-uns.

Premier volet, dans la cave[13]

> « Vendredi 27 avril 1945, jour de la catastrophe, raz-de-marée, écrit le samedi matin »

Ce fut d'abord le silence. Une nuit trop calme. Vers minuit, Mlle Behn, toujours aux nouvelles, rapporte que l'ennemi a progressé « jusqu'aux jardins ouvriers » et que « le front allemand » est à deux pas.

À cinq heures, la libraire, qui arrivait de l'extérieur,

13. p. 79 sq.

avertit Marta qu'« ils » viennent d'entrer par la fenêtre chez les Meyer, des marchands de vins et spiritueux, pour un vraisemblable pillage. Elle s'habille, se coiffe et monte quatre à quatre jusqu'au premier étage pour cacher leurs victuailles. « Tout était silencieux, la cuisine était vide. » (C'est à ce moment qu'elle voit les canons russes, les « girafes » au long cou, et des automobiles qui s'arrêtent le long du trottoir). Une odeur d'essence pénètre dans la cuisine.

Dès cet instant, le rythme s'accélère et les sensations tactiles, visuelles, auditives, olfactives jaillissent de tous côtés : le froid, le vent, la pluie, les bruits, les couleurs et les odeurs.

Il faisait toujours froid à Berlin, ce printemps-là ; les vents sifflaient, soufflaient en rafales et il pleuvait averses presque tout le temps, à tel point que l'eau paraît se répandre partout. Sous ses formes habituelles : la pompe à eau d'où l'on rapporte des seaux remplis à ras bord, parce qu'il n'y a plus d'eau potable ou que les conduites ont éclaté, ou les inondations. Ce fut le cas par exemple, la veille, le 26, quand l'eau se répandit au-dessus de leurs têtes et que tout le monde se mit à hurler, jusqu'à ce que Mlle Behn prenne les choses en main : « Bandes d'idiots, vous braillez vos âneries et en haut vos baraques vont bientôt être emportées par les eaux », et parte « à l'assaut », suivie de Marta et « d'une quinzaine de créatures. »[14]

Mais l'eau se répandait aussi, sous des formes composites et des couleurs variées, assorties d'odeurs propres : l'alcool, le sang, la sueur, les vomissures, les crachats, le sperme, mélangés à des odeurs fétides d'urine et d'excréments, car le vainqueur laissait des souvenirs de son passage.

Autant de traits descriptifs, précis, acérés, cocasses parfois, dignes du *Canard enchaîné*, et rehaussés de toutes sortes d'effets de style : Marta Hillers use spontanément de l'argot, familier / trivial, de l'éternelle étudiante qu'elle fut, (« être bourré », « prendre une belle biture », « bouffer », « salauds », « salopes ») ; de métaphores courantes, (« avaler la pilule »,

14. p. 67.

« manœuvrer [sa] petite barque ») ou plus originales, (les « orgues de Staline », « le vaincu [qualifié de] paprika sur la viande ») ; de jeux de mots, « Foxel, le terrier » (le fox-terrier) ou ce sobriquet pour un vieux monsieur, un certain « Siegismund », qui n'arrêtait pas de parler de *Sieg* (la victoire) et de ces mots composés où excelle la langue allemande, par exemple les *Trümmerweiber* (les filles des ruines), image qui, à elle seule, résume l'histoire des Berlinoises auxquelles revint la tâche de déblayer, pendant des mois, les ruines de leur ville. Plus à distance, on peut voir aussi une évocation déchirante — face aux Russes qui avaient combattu héroïquement pour la Mère-Patrie — de ces « filles des rues » (*wieber* a un sens péjoratif) sur lesquelles les vainqueurs s'acharnèrent dans une volonté de vengeance déplacée sur les femmes, toutes dévoyées et à prendre de force. Autant de figures littéraires : elles donnent au texte une ampleur et une diversité de ton qui renvoient à la personnalité de voyageuse de la journaliste-narratrice poursuivant son « Voyage d'hiver », un voyage résonant comme celui de Schubert des thèmes de la solitude, de l'amertume, de la perte d'espoir, de la violence, du gel et de la faiblesse derrière la force ou de la force derrière la faiblesse.

Il est des passages, plus mélancoliques, lorsque par exemple Marta regarde la beauté des « jardins ouvriers », des arbres, des fleurs (lilas, crocus, primevères) et des fruits (les groseilles) ou se rappelle les pages d'écrivains (Goethe, Pouchkine, Tolstoï) et les musiques de compositeurs (Schubert, Beethoven, Wagner), qu'elle aimait. D'autres encore, plus philosophiques, mais nous nous y arrêterons dans la deuxième partie.

Si nous avons déjà remarqué la beauté des descriptions du décor dantesque, ce sera désormais l'oppressante atmosphère d'angoisse dans l'appartement de la veuve où elles ont grimpé pour épousseter, balayer, frotter, récurer, tandis que dehors, comme leur répondant, les Ivans s'affairent, astiquent bruyamment leurs motos, font de la bicyclette, et leurs chevaux leurs crottins. « Forte odeur d'écurie. »

Tout alors va commencer dans la rue où Marta était allée avec la veuve chercher de l'eau à la pompe. « Vous avez un homme ? » lui demande un soldat. Si l'on dit non, il veut savoir si l'on accepterait « d'épouser » un Russe. Elle ne répond pas, et toutes deux se sauvent avec leurs seaux. Mais elle ressort, « flâne, bavarde avec un Russe ou l'autre », bien imprudemment, se dit-on.

> « Midi passe, le soleil brûle presque aussi fort qu'en été. Quelque chose de bizarre plane dans l'air, difficile à définir, quelque chose de mauvais, de menaçant. »

Plusieurs types la suivent : l'un d'eux, « un jeune homme petit et jaune, puant l'alcool, exhibe deux montres-bracelets sur son avant-bras poilu » et lui promet de lui en donner une, si elle veut bien... Elle fuit vers la cave ; croit l'avoir semé ; elle se trompait. Pourtant ce n'est pas à elle qu'il va s'en prendre, mais à une jeune fille, blessée à la tête, étendue sur une chaise longue : « Quel âge ? » demande-t-il, Marta, répondant en russe pour la jeune fille terrorisée et se plaçant devant elle, lui dit qu'elle n'a que dix-huit ans et qu'elle est blessée, mais elle ne trouve pas les mots : « *kaputt* : tête *kaputt*, les bombes. »[15]

La scène qui s'ensuit est à mettre au compte de ces ruses et stratagèmes de femmes, dont elle parlait. En effet, Marta tend un piège à l'homme, rendu hésitant devant l'âge de la jeune fille et qui a fixé son choix sur elle : elle fait comme si elle voulait bien — mais dehors. À peine dans la rue, elle se précipite vers deux valets d'écurie « en train d'étriller leurs canassons » et leur montre son poursuivant : « Ah çà, c'est un type dangereux, ah, ah, ah ! » Le garçon, qu'elle a décrit

15. p. 85-86.

« aux yeux noirs, avec des globes oculaires de couleur jaune, ictérique, [lui] lance un regard empoisonné et s'éclipse. »

Et le premier volet du triptyque se rabat sur le soulagement de narratrice : « La tempête a sifflé par-dessus nos têtes et nous a épargnés, nous sommes du côté abrité du vent.

C'est ce que nous pensions. »

Deuxième volet, les violeurs, les femmes et Marta Hillers

Au centre des pages les plus difficilement soutenables du Journal, la scène du soldat qui, « lentement, consciencieusement », lui cracha dans la bouche et qui, précisons-le ici, lui laissa en sortant quelques billets : « mon salaire », note-t-elle. Avec son habituelle ironie ? Avec amertume ? Pourquoi pas au comble de la souffrance, celle de l'humiliation ? Car il ne s'est pas agi seulement de douleur physique durant cette scène, mais de souffrance morale, une souffrance qui, du reste, marque souvent le texte de la narratrice, plus encore que la froideur, la froideur ayant été surtout pour elle un moyen de se durcir, de se cuirasser contre l'excès d'émotion.

De part et d'autre de la scène du « cracheur honnête », une série de flashs et de photographies, dont aurait pu être fière celle qui parcourut l'Europe, appareil photo en bandoulière.

Flashs sur quelques femmes (et sur un détail qui revient comme un leitmotiv) : la boulangère, reconnue à son visage blême, près de laquelle se tiennent trois Russes « qui la tiraillent, lui assènent des coups, comme si ce n'était qu'une marionnette, une chose » ; sur le mystérieux *Ukas Stalina* (le décret stalinien), prétendue interdiction de « ce genre de choses » ; sur la jeune fugitive de Königsberg, « les cheveux défaits » et qui s'effondre ; sur la veuve qu'« un type a agrippée et flanquée à terre »[16]; sur ces violeurs en bandes qui s'en prennent à une femme : « il y en a eu au moins vingt », ou sur les filles-soldats, « vêtues de chemisiers militaires et de jupes, coiffées de bérets basques avec insignes » qui, en riant, ne se privent pas d'assister aux viols, et sur les Ivans, toujours identiques à eux-mêmes.

Photographies, les Ivans.

On les voit très bien car ils sont taillés à coups de serpe : « des types aux crânes larges et massifs, tondus, bien nourris, insouciants », disait-elle, armés de pied en cap, vêtus de vert, chaussés de bottes jusqu'aux genoux, veules, ignares, alcoolisés et en sueur, arborant quelquefois ces grosses médailles de cuivre reçues à Stalingrad en récompense de leur courage, un courage à cette heure perdu. Que reste-t-il en effet de courage chez des hommes se jetant sur des femmes, par définition plus faibles physiquement qu'eux ?

Ils étaient forts, ces deux hommes qui l'attrapèrent dans le couloir où ils la guettaient ; ils la traînèrent dans l'escalier.

Elle crie, elle hurle : l'un se jette sur elle, la plaque au sol avec ses poings et ses genoux, arrache ses sous-vêtements, tandis que l'autre monte la garde et attend son tour — et que la lourde porte de la cave claque.

> Marta, parvenue à se redresser, se retourne alors contre ceux de la cave : « Bande de salopards ! Deux fois violée, et vous claquez la porte, et vous me laissez croupir là comme un tas de merde ! »[17]
> Le viol, qui atteint non seulement le corps d'une femme mais l'intimité de tout elle-même, est ressenti comme une souillure, symbolisée ici par le contact avec « la merde », merde, en

16. Si « la veuve » a été violée, il ne semble pas que Mlle Behn l'ait été. (Marta Hillers a évidemment changé les noms ou les a tus.)
17. p. 92.

l'occurrence, de l'agresseur dont l'ignominie avilit l'agressée.
Expérience sur laquelle reviendra la narratrice avec une amertume que l'on peut imaginer, quand elle se reverra, enfant, entourée de la tendresse de sa mère :

« Tant d'amour, et tant d'histoires autour de ces petits bonnets, thermomètres de bain et autres prières du soir pour l'ordure que je suis devenue. »[18]

Dans la cave, tout le monde se taisait. Puis, ils se chamaillent et crient. Marta décide alors d'aller « avec une petite troupe de femmes accompagnées de quelques hommes » demander au commandant sa protection : « Allons, ça ne vous a certainement pas fait grand mal. Nos hommes sont tous sains », répond-il, tandis que les autres officiers rient sous cape et que « le peloton » se retire dans la cave. Mais elle ne veut plus voir « toutes ces sales gueules » et monte au premier chez la veuve qu'elle décrit aux petits soins pour elle comme pour une malade : « elle parle à voix basse, me caresse, m'observe, au point que çà devient gênant. Moi, tout ce que je veux, c'est oublier. » Oublier… Le pourra-t-elle jamais ?

Disons seulement que Marta Hillers était assez forte pour rebondir, mais nous analyserons plus loin comment, au regard de ce qu'elle était. Dans l'immédiat revenons à son cauchemar, qui était loin d'être fini.

En effet, peu après les deux premiers, surgissent « un, deux, trois, quatre types. Tous lourdement armés, mitraillette à la hanche », qui enfoncent la porte de la chambre qu'elle partageait

18. p. 124.

avec la veuve : « On dirait qu'ils hésitent à faire quelque chose. » La veuve s'est sauvée (elle en pleurera de désespoir dans les bras de Marta), et Marta, risquant le tout pour le tout, tente à son tour de s'échapper. Au moment où elle veut grimper l'escalier, l'un des hommes, un certain Petka, apprendra-t-on, l'empoigne par-derrière, il a « une tête de gosse, des cheveux blonds coupés en brosse et en triangle sur le front », c'est « un géant, bâti comme une armoire à glace, avec des pattes de bûcheron et des dents blanches. »

« Mon cœur s'emballe, bat la chamade. Je murmure, j'implore : « Un seul, s'il vous plaît, rien qu'un seul. Vous, si vous voulez, mais chassez les autres ». Il promet et l'emporte comme un paquet : « J'ai le vertige, seule une moitié de moi est encore là, cette moitié n'offre plus de résistance, elle s'affale contre le corps dur et costaud, qui sent le savon de soldat. Enfin, le repos, l'obscurité, le sommeil. »[19]

Marta Hillers n'était pas l'héroïne d'un drame romantique se suicidant en beauté, mais, si ses derniers mots trahissent un réflexe de fuite dans le repos, la nuit et le sommeil (de la mort), ils ne signifient pas pour autant un consentement aux viols, ni une soumission aux violeurs.

Il y en eut encore d'autres : Petka à nouveau, accompagné de deux camarades, Gricha et Iacha, auxquels se joindra plus tard, Vania. Le premier, « un gars paisible, arbore en permanence un sourire béat », comptable de son métier, il ne compte pas les verres ; le deuxième, « au crâne tondu, sourit et hoche la tête », il aime les chants mélancoliques ; le troisième, seize ans, courageux et protecteur, est « un enfant ; petit visage, yeux noirs au regard sévère et concentré » (regard de corbeau peut-être). C'est lui qui a violé la veuve sur le palier et qui, maintenant, « honteux et confus », lui apporte des verres propres, lave les autres et la suit partout « comme un petit chien. »[20]

On se surprend à sourire devant les portraits, enlevés et

19. p. 95-97.
20. p. 118.

hauts en couleur, de ces gamins, qui n'étaient même pas des voyous, seulement des sots, égarés « en temps de guerre ».

Mais, Petka, lui, « le Sibérien refoulé », était un vrai tueur. Après avoir joué les Roméo avec Marta, il s'était pris de haine pour elle. Le voici en action.

Ivre, il agrippe une machine à coudre qu'il lui lance au visage ; il la rate, et cherche alors à la frapper à coups de poing : « Je n'ai pas peur du tout, trop occupée à esquiver les coups, à tenter de lui faire un croche-pied ; je sens autour de moi la présence de mes concitoyens. »

Comment ne pas rire encore de cette scène burlesque ? Heureusement, se dit-on, qu'il y en a quelques-unes. De plus, la réaction de Marta évoque cette attitude étonnante à savoir que, si la peur chez les témoins d'un drame provoque souvent la lâcheté, leur « concitoyenneté » (supposée) est susceptible de mobiliser le courage (en tout cas celui de la narratrice).

Mais « le sinistre blond », Petka, est revenu, le 1er mai, nerveux et clopinant, accroché à sa canne. Comme il est épuisé, elle lui installe une couverture sur le sofa ; il veut aller au lit avec elle et insiste, « comme un enfant buté et mort de fatigue » ; en se défendant, elle cogne sa jambe blessée ; il attrape sa canne, « un gros alpenstock », lui en assène un coup sur la tête et se jette sur elle. Elle murmure : « C'est comme chez les chiens... », la phrase lui plaît, il la répète : « Oui, c'est bien çà — comme chez les chiens — très bon — faire l'amour comme des chiens — faire l'amour comme des chiens... » Ils sombrent un instant dans le sommeil, et çà recommence. « Je suis meurtrie, exténuée, continue de résister sans conviction dans mon demi-sommeil, il a les lèvres toutes froides... » (Comme s'il avait été la mort elle-même).

Il en restait encore deux.

Le « major » du 2 mai, d'abord, « un grand type mince, châtain clair, uniforme impeccable » : il vient de Leningrad, est racé, distingué, se tient bien, est partout à l'aise et se déplace toujours escorté de son ordonnance (un Ouzbek, issu des steppes de l'Asie centrale, vrai Mongol à faire trembler un régiment). Il boîte, lui aussi, des suites d'une blessure, et le voilà qui entonne « d'une belle voix le merveilleux, *Reste, demeure, toi ô ma belle* » (il doit s'agir de « Kalinka », que les chœurs de l'Armée rouge rendirent célèbre dans le monde entier) et se met à jouer des marches militaires sur son harmonica.

C'était un officier, sorti de l'une de ces grandes écoles militaires où se formaient les « hommes nouveaux », mais qui avait dû négliger l'*Ukas Stalina* (improbable décret, censé viser les comportements déplacés), sans pour autant renoncer à son goût pour la discussion. Il fait donc passer une sorte d'examen à Marta qu'il interroge sur « le fascisme », comme elle ne s'en sort pas trop mal, il lève son verre de champagne en son honneur et lui demande, par l'intermédiaire du « sinistre blond » toujours présent avec quelques autres qui avaient combattu avec lui sur tous les fronts, si sa personne lui est agréable et si elle serait « capable de l'aimer. » « Aimer ? Foutu mot, je ne peux plus l'entendre, je suis tellement effrayée [...] que je ne sais quoi dire, quoi faire. » Le major la prie alors de bien vouloir lui indiquer où est la salle de bains ; il s'y retire, puis réapparaît : « Ma présence vous est-elle désagréable ? Me détestez-vous ? Dites-le franchement ! » Il esquisse un baisemain et lui dit, « les yeux emplis de tristesse » : « Pardonnez-moi. Cela fait si longtemps que je n'ai plus eu de femme. »

De quoi lui demande-t-il pardon ? De devoir la violer, parce qu'il ne peut pas faire autrement et qu'il est en manque de femmes depuis si longtemps ? Tous les soldats éloignés de chez eux depuis des années, souffrent d'être privés de leurs familles ! Mais ce que recherche le major aux belles manières, c'est surtout la jouissance du corps de cette femme qui le trouble d'autant plus qu'elle semble répondre à son désir : « Si je m'attendais à çà. Me voilà le visage sur ses genoux, j'éclate en sanglots, verse toutes les larmes de mon corps pour en faire sortir la douleur si longtemps contenue.

Je le sens me caresser les cheveux. [...] Un peu plus tard et dans le noir, je lui ai dit combien je me sentais mal, combien j'étais meurtrie, et je l'ai prié d'être doux. »

Il fut doux et même « tendre ».[21]

Mais n'est-ce pas le spectacle de Marta pleurant à ses genoux qui déclencha son désir de la posséder ? Avec toute la délicatesse qui convenait.

Cependant, elle écrit qu'elle l'avait aimé une fois ou l'autre, et qu'elle éprouvait de la pitié pour lui : il souffrait vraiment beaucoup de son genou grièvement blessé (pour lequel la veuve fit un jour un beau pansement), il évoquait avec douleur son pays et, divorcé, se plaignait de n'avoir ni épouse ni enfants...

On apprend aussi que le major est gourmand et qu'il apporte toujours des provisions (œufs, beurre, lard) et des friandises (chocolat, gâteaux) dont se régalent son groupe, un peu en retrait duquel l'Ouzbek, chantant et dansant sur des airs de son pays, et le petit groupe de la cave, réunis autour d'une table savamment préparée par la veuve, et qu'ils trinquent à la santé d'eux-mêmes, de la Russie, de leurs femmes et enfants. Marta Hillers, qui était devenue squelettique, ne se privait ni de boire ni de manger, « très modérément », tient-elle à préciser. Pourtant, de ces régals, elle garda une espèce de remords, en allant jusqu'à se demander si elle méritait « le nom de putain ou non, puisqu'[elle vivait] pour ainsi dire de [son] corps et qu'[elle l'offrait] en échange de nourriture. »[22]

Nous reviendrons sur ce point délicat, quand nous réfléchirons aux ressorts qui lui ont permis de ne pas mourir, durant ces cinq effroyables jours : « Une éternité », disait-elle.

Il suffit pour l'instant de se rappeler à quelles extrémités la hantise de la mort, l'angoisse, la douleur, la détresse, la faim ou la soif peuvent mener, pour s'éviter les clichés, lieux communs, préjugés et autres stéréotypes.

21. p. 97-98.
22. p. 183.

Et venons-en au dernier Ivan.

Avec Anatol, on se croirait en pleine comédie de boulevard. Il n'était pas méchant, seulement très porté sur « la chose », mal dégrossi, souvent ridicule et toujours inconscient, mais il fut pour Marta un « rempart » (fragile) ou, pour reprendre une métaphore célèbre, « un colosse aux pieds d'argile » : à ce titre, il mérite, sinon un grand coup de chapeau, un petit.

C'était un lieutenant, venu de la campagne ukrainienne, élevé à la dure, « un de ces costauds d'un bon quintal, respirant force et vigueur. »[23]

Il a toujours à l'esprit « le décret du camarade Staline » qu'il cite, accompagné de clins d'œil complices à l'adresse de ses hommes. Il dort beaucoup, boit autant, bâille et s'ennuie dès que ceux de « sa bande » se mettent à discuter politique. Et sa comprenette est d'une lenteur désespérante.

Un jour par exemple, sa prisonnière lui dit « Tu es un ours » (un *miedvied*), il proteste : « Non, c'est faux. Un *miedvied* c'est un animal. Une bête brune qui vit dans la forêt ; elle est grande et grogne. Moi, je suis un *tcheloviek*, un homme. » Un homme, c'est vrai, mais un pauvre homme…

Ayant fait de Marta sa propriété privée, il va et vient, et, soupçonneux, s'inquiète de ses relations avec le major. Elle le rassure avec un gros mensonge : « il a tout gobé » mais, ajoute-t-elle, « Je me sentais moche. »

Et l'épisode Anatol peut se conclure : « Dans ma vie, l'amour n'avait jamais été une corvée, c'était un plaisir. […] Aujourd'hui ce n'est pas « l'excè*s* » qui me met à bout. C'est ce corps abusé, pris contre son gré, et qui répond par la douleur. »[24]

23. p. 117.
24. p. 147.

Elle souhaite seulement qu'Anatol
ne revienne plus.

Apparu le 29 avril, il disparaît avec les troupes de choc, le 8 mai, le jour de la capitulation allemande.

Il voulait protéger Marta, qui l'éblouissait et ne ressemblait à aucune des femmes qu'il avait connues (et il en avait connu beaucoup, malgré le décret du camarade). Le plus souvent, il n'a pas su.

Troisième volet, de vrais hommes enfin

Les trois Russes qui entrent maintenant en scène, Andreï, Stepan et Nicolaï, sont simplement des hommes, intelligents, généreux, fraternels, aussi comprend-on que Marta Hillers ait trouvé près d'eux un vrai réconfort.

C'étaient des soldats des troupes d'occupation, succédant aux troupes de choc.

Eux aussi, avaient combattu pendant plus de cinq ans, eux aussi étaient épuisés et abattus, c'est pourquoi ils furent surpris et heureux de trouver une maison dont les hôtesses (la veuve et Marta) leur témoignaient une certaine sympathie, rendant moins pénible l'occupation de Berlin, qui promettait d'être longue et difficile du fait des tensions entre les deux principaux blocs, soviétique et américain: chacun revendiquant la supériorité de sa puissance militaire et sa suprématie dans la relance de l'économie de l'Allemagne et dans le règlement des problèmes idéologiques qui, à tous les niveaux, social, politique, moral, l'avaient menée à sa ruine.

Andreï, l'instituteur, joueur d'échecs, « au regard d'un bleu acier », parle doucement. Il est adjudant, « marxiste orthodoxe », et explique précisément l'effondrement de l'Allemagne et de l'Europe par « le capitalisme », cause de la folie criminelle du Führer et du malheur des peuples tombés sous son joug.

Marta l'écoutait avec plaisir :

> « Toute cette conversation m'a fait du bien, même si je ne maîtrisais pas le sujet aussi bien qu'Andreï — il me suffisait de voir qu'[il] me traitait d'égal à égal [...] sans me toucher en même temps, même pas des yeux, et sans voir en moi la part femelle qui avait attiré tous les autres jusque là. »[25]

En outre, il se déclare l'adversaire farouche de « ce genre de choses » : « dans la femme, il voit la camarade et non le corps » et est convaincu de « l'infaillibilité de son dogme ». Marta s'en amuse un peu, mais elle s'émeut aussi d'entendre, d'une certaine manière, « la langue mélodieuse, richement structurée d'un Pouchkine et d'un Tolstoï. »

Elle ajoute : « Pour la première fois, je prends conscience de ma qualité de témoin »[26], et se réjouit de comprendre le russe, qu'elle avait passé des heures à réviser à coups de dictionnaire. En tant qu'interprète elle fut effectivement comme un pont jeté d'une rive à l'autre d'un fleuve, des rives qui paraissaient devoir à jamais rester séparées.

Andreï viendra lui dire adieu, le 4 mai : une dernière fois, il parlera longuement avec elle de « *socialistitcheski*, *kapitalischeski*, *ieconomitcheski* », tandis qu'elle reprisait et recousait ses affaires déchirées par les Ivans et que, « petit à petit, une certaine forme d'ordre se réinstallait. »[27]

Stepan, lui, « est jeune et son visage est beau. Il a les traits sombres et réguliers. Ses yeux brillent. Ses mains sont blanches et fines ». Il dit à Marta, dans un allemand maladroit et avec un drôle d'accent : « *Nicht chaben Angst* », pas avoir peur. » L'une des résidentes, Mme Wendt, précise qu'« il a perdu sa femme et ses deux enfants dans un

25. p. 123.
26. p. 127
27. p. 199.

bombardement allemand à Kiev, mais qu'il a tout pardonné aux Allemands et que c'est un véritable saint.»

On se saura pas grand-chose de plus, sinon qu'il intrigue celle qui l'écoute de tous ses yeux et de toute son âme: «Il se dégage de Stepan un réel sentiment de protection. Je le contemple avec étonnement, le nomme en mon for intérieur Aliocha en souvenir des Frères Karamazov.»[28]

Nicolaï.

Avec lui, s'installèrent «l'ordre» et un vrai apaisement chez Marta Hillers: il s'exprimait bien en français, cette langue qu'elle aimait et parlait à la perfection!

Elle l'avait rencontré par hasard dans la rue, le 16 mai, huit jours après la capitulation allemande. Berlin était quasiment désert; elle cherchait un travail; lui, un lieutenant, avait été chargé de relever les noms et adresses de toutes les banques pillées par les Russes. Marta «trottait» à ses côtés; il était «réservé et courtois», craignait de marcher trop vite et de l'ennuyer avec ces histoires de banque. Comme il avait besoin d'un interprète, elle se proposa, et ils arrivèrent, après des heures de marche, à la deuxième filiale de la *Deutsche Bank*.

Le soleil était écrasant et elle, épuisée. Il le remarque, ralentit le pas et l'interroge sur «[sa] formation et [ses] connaissances linguistiques». Soudain, il lui demande en français, «à mi-voix, sans [la] regarder, si on [lui] a fait du mal»; décontenancée, elle répond d'abord «non», puis se reprend: «Oui, monsieur, enfin vous comprenez.» Le climat se détend, et Marta devine (car ses connaissances linguistiques sont excellentes) que le lieutenant est «un *byvchi*, un ex, un membre de l'ancienne classe dominante de la Russie». Il commence alors à lui parler de ses origines, de sa famille: né à Moscou en 1907, son père était médecin, son grand-père, professeur d'université et chirurgien renommé; elle apprend aussi que son père a étudié à Berlin et à Paris, et qu'«ils avaient même une gouvernante française». Marta

28. p. 155.

commente avec un petit sourire : « Le lieutenant a gardé quelque chose de ce style « révolu. »

Après un silence, sans doute gêné, il lui dit en français : « Oui, je comprends. Mais je vous en prie, mademoiselle, n'y pensez plus. Il faut oublier. Tout. » Il cherche les mots justes, ne les trouve pas et elle lui répond : « C'est la guerre. N'en parlons plus. »[29]

Ils n'en ont pas reparlé.

Le temps passe et le lieutenant reprend l'inspection de la filiale de la *Deutsche Bank*, en notant scrupuleusement les pillages, le saccage, « les flots d'excréments ».

Ils sortent enfin, le lieutenant a soif et rêve d'un verre d'eau que va lui donner une très vieille femme, qu'il remercie en s'inclinant.

Assis sur le muret d'un jardinet, sous les lilas, ils échangent quelques mots, « Ah, c'est bien », dit-il. Elle commente à nouveau : « Son français, aussi pur et excellent soit-il, manque apparemment de pratique et s'épuise vite après les premières phrases ou questions. » Lui, « estime [son] russe fort honnête, mais rit de [son] accent qu'il trouve, « Excusez, s'il vous plaît » — juif. » Et Marta de préciser : « Çà peut se comprendre, la langue maternelle du Juif russe, est effectivement le yiddish, c'est-à-dire un dialecte allemand. » Était-il Juif ?

Elle repense alors au major, à « son code des bonnes manières. Toujours les extrêmes. "Femme ici !" », et des excréments dans toute la pièce ; ou alors de la tendresse et des courbettes. En tout cas, le lieutenant [...] me traite comme une vraie dame. De toute évidence, à ses yeux, j'en suis une. »[30]

Qui ne comprendrait sa réaction ? Et qui ne se réjouirait avec elle d'avoir été reconnue enfin comme un être humain à part entière et comme « une vraie dame » ?

Elle poursuit sa rêverie éveillée en se souvenant de

29. p. 284.
30. p. 286.

l'estime dans laquelle les Russes tenaient les femmes allemandes (« propres », ajoute-t-elle), qu'ils voyaient comme les représentantes « d'une *cultura* supérieure ». C'est un point essentiel qui explique partiellement l'antinomie russo-allemande, inscrite chez les Russes comme une jalousie, aussi ancestrale qu'irrémédiable.

Tous deux, le Russe et l'Allemande, sont restés longtemps sur le muret, sous les lilas, se sont reposés et ont bavardé.

Le lieutenant voudrait savoir où elle habite et comment elle vit, mais il s'empresse de la rassurer : « Pas çà, vous comprenez ? » Oh oui, elle comprenait ! Et ils prennent rendez-vous pour le soir. Avant de la quitter, il lui donne son nom, celui de sa mère, Kolia ; elle pense qu'il a sûrement une femme et des enfants. « Au revoir », dit-il en français.

Rentrée chez la veuve, Marta lui raconte cette rencontre inouïe. Celle-ci, ravie, espère que le lieutenant leur fera un cadeau à tous les quatre (ils sont quatre maintenant car un certain M. Pauli apprécie sa table), en tout cas qu'il fera quelque chose pour elle. Marta n'en est pas sûre, et conclut à part soi : « Je ne puis nier qu'il est sympathique. C'est le plus occidental de tous les Russes qu'il m'ait été donné de rencontrer jusqu'ici parmi les vainqueurs. »[31] Mais, pour rien au monde, elle ne voudrait d'un nouvel homme dans sa vie.

Et elle grimpe dans son trois-pièces sous les toits, pour guetter (tout de même) Nicolaï à la fenêtre. Au moment où la nuit commençait à tomber, elle l'entend appeler : « C'est moi ! » Elle se précipite, « tout en émoi », et le fait monter jusque chez eux : il ne venait que pour un quart d'heure ; il ne pouvait pas rester. En partant, il lui dit en russe en lui serrant les mains qu'il reviendra dimanche soir, à 8 heures, le 20 mai, jour de Pentecôte. Il n'a pas pu revenir, ce soir-là.

Mais, le 5 juin, alors qu'elle était fatiguée au point de ne plus pouvoir ni penser, ni faire quoi que ce soit, il frappa à sa porte. Dès qu'il la vit, il fut horrifié par sa mine, « un spectre livide », se dit-elle, incapable de réprimer ses bâillements...

31. Ibidem.

L'un et l'autre s'efforcèrent de sourire, lui parlait un peu ; elle comprit seulement que, cette fois encore, il venait lui faire ses adieux. Mais elle ne put s'empêcher d'avouer que pendant cette « conversation », elle avait éprouvé « un certain regret d'en être arrivée là avec Nicolaï. » En la quittant, il lui glissa dans la main plus de 200 marks, « en camarade, n'est-ce pas ? »

Et elle conclut, comme à son habitude, pragmatiquement : « J'aimerais bien m'acheter quelque chose à manger avec cet argent, ne serait-ce déjà que de quoi dîner ce soir. »[32]

Cet homme-là traversa comme une lumière la vie dévastée de Marta Hillers. Elle ne l'a jamais oublié, ni les deux autres Russes, ni, et moins encore, tous les Ivans.

Mais le souvenir de Nicolaï, de Stepan et d'Andreï, elle le garda à jamais en elle, comme un trésor.

Et cela permet de comprendre, entre autres raisons, pourquoi et comment elle a pu ne pas mourir, pendant comme après, la tragédie. Car, si son Journal résonne de bruits infernaux, il laisse aussi entendre et voir ces rencontres, ces amitiés, ces douceurs, se détachant sur la beauté sauvage d'un décor qui brûle au long d'affrontements titanesques entre la vie et la mort.

De ce combat, Marta Hillers est sortie debout, fidèle à la devise : « Vaincre la mort rend plus fort ! »

Elle s'était déjà rappelé, le 21 avril, cette autre devise, écho de la sienne, empruntée aux *Odes* d'Horace, que Michel de l'Hospital au XVIe siècle avait fait graver sur son cénotaphe :

Si fractus illibatur orbis, / Impavidum ferient ruinae[33] La voûte du ciel s'écroulerait, / que ses ruines le frapperaient sans l'ébranler

32. p. 362-363.
33. p. 38.

II

Pauvres mots, vous ne suffirez pas.[1]

Si la compréhension et l'estime de quelques hommes ont aidé Marta Hillers, d'autres facteurs expliquent qu'elle ait survécu et, parmi ceux-ci, la rédaction de son Journal grâce auquel non seulement elle a réussi à « manœuvrer [sa] petite barque », mais surtout à atteindre une dimension humaine, bouleversante, sans l'avoir jamais recherchée, ni même imaginée.

En dépit des risques qu'elle prenait et du scandale qu'elle ne manquerait pas de provoquer, Marta Hillers n'a rien voulu d'autre que dire la vérité. La vérité sur les viols et leurs conséquences ; sur les comportements russes et allemands, auxquels elle rattache l'histoire de son pays, qu'elle aimait ; sur ses relations avec les résidents de l'immeuble ; jadis avec Gerd, son ancien compagnon, et avec sa meilleure amie, Gisela, venue la voir après la catastrophe et, bien entendu, la vérité sur elle-même.

Autant de thèmes évoqués dans son Journal sur un registre nouveau.

En effet, après avoir souligné quelques-unes des caractéristiques de son langage familier, souvent trivial, d'éternelle

1. p. 245.

étudiante, il faut maintenant nuancer. Marta Hillers n'est pas restée une étudiante—adolescente sa vie durant : elle se montre au contraire dans son livre une femme cultivée, perspicace, maîtresse d'elle-même, si bien que ce langage, qui a choqué trop de gens « policés », était le seul qui fût approprié à son témoignage hors norme.

Elle l'écrivait d'ailleurs elle-même : « C'est ainsi que l'on parle désormais, telle est notre déchéance oratoire. On prononce avec satisfaction [le mot « merde »], comme s'il nous aidait à évacuer la crasse intérieure. Dans le langage aussi, on s'achemine vers une dégradation partout menaçante. »[2]

Mais, je le disais également, il est un autre langage, plus philosophique, qui lui permit d'expliquer ce qu'elle pensait, comprenait et imaginait en se mettant à notre place, nous ses lecteurs : afin que nous sachions ce qui s'est réellement passé en Allemagne quand arrivèrent les Russes et que nous en tenions compte avant d'enfermer tous les Allemands dans la même condamnation pour leurs crimes et d'embrasser tous les Soviétiques, les Américains, les Français et les Britanniques dans la même admiration pour leur victoire sur « la peste brune », en faisant comme si, eux aussi, ils n'avaient pas commis les pires crimes — en moindre nombre il est vrai du moins les Alliés occidentaux — mais des crimes semblables et sur le même théâtre de la guerre.

« J'ai l'impression de jouer dans une pièce de théâtre. »[3]

Beaucoup de traits dans le Journal de Marta Hillers soulignent cette impression : la rapidité des déplacements (aller / venir, monter / descendre, marcher vite, vite, courir, bondir, se précipiter) ; l'enchaînement serré des scènes avec de nombreux retours en arrière, comme joués en aparté, lorsque par exemple sont décrits des pans de l'histoire contemporaine ou des fragments de vie des personnages ; la

2. p. 66.
3. p. 89.

pesanteur des heures sonnées par l'« Horloge, dieu sinistre, effrayant, impassible »[4], qui immobilise le temps comme l'était celui de « l'homme des cavernes » bloqué dans « un temps intemporel »[5] où le passé et le présent ne se dissociaient pas et où le futur était effrayant, comme tout ce que l'on ne peut pas se représenter. Quant aux personnages, ils s'affrontent derrière leurs masques, comme dans la tragédie grecque, chacun symbolisant une idée : la puissance, la cruauté, la folie, ou la vulnérabilité, la bonté, la sagesse, avec toutes les gradations dans le mal et toutes les nuances dans le bien.

Disons encore que, parce que tout se joue dans un temps limité et un espace très circonscrit donnant au relief du texte de Marta Hillers un supplément de force et, parce que son expérience et son sens instinctif de la vérité lui donnaient le droit de s'attribuer le rôle de témoin, elle pouvait parler à visage découvert des viols qu'elle avait subis, d'autant qu'elle les situe dans le contexte des viols collectifs, cent fois racontés dans d'autres journaux intimes de femmes allemandes, qui peuvent être considérés, ainsi qu'on l'a remarqué, comme « une tentative de contrôler le chaos », leur permettant de « se libérer de leur statut de victime. »[6]

> « Cette forme de viol massif, écrit-elle, est surmontée de manière collective. Chaque femme aide l'autre en en parlant, dit ce qu'elle a sur le cœur, donne à l'autre l'occasion de dire à son tour ce qu'elle a sur le cœur, de cracher le sale morceau. Ce qui n'empêche pas [que] certaines natures [...] puissent s'en trouver brisées à tout jamais ou en garder des séquelles pour la vie. »[7]

4. Baudelaire, *Fleurs du mal*, L'Horloge.
5. p. 212-213.
6. Édith Repogle Scheffer, citée par Norman M. Naimark, *Viols en temps de guerre*, *op.cit.*, p. 208.
7. p. 227.

Où l'on voit que Marta Hillers, réputée si froide, ne manquait pas de sensibilité. Elle évoque en ce sens, cette petite fille de douze ans, bousculée dans une cave, qui avait été « abusée dans la foulée » et cette jeune fille de dix-neuf ans, violée par trois Russes, « d'abord sur un sofa, puis tous dans le désordre, ensuite, ils avaient fouillé le frigo et, n'ayant trouvé que de la confiture, ils l'avaient étalée sur ses cheveux et saupoudré le tout d'un ersatz de café. » « Une scène effroyable. Jamais, jamais un écrivain n'aurait l'idée d'inventer une chose pareille »[8], conclut-elle en prouvant, si besoin en était encore, sa capacité à être saisie de la plus grande émotion.

Marta Hillers avait également vu les effets de l'alcool, l'une des causes de la fureur des soldats :

> « Je suis persuadée que, sans cet alcool [...] la moitié des viols n'auraient pas eu lieu. Ce ne sont pas des Casanova. Ils doivent s'émoustiller eux-mêmes pour commettre des actes honteux, ils doivent refouler leurs inhibitions. »[9]

L'alcool en effet qui, consommé de façon régulière et à forte dose, détruit les facultés intellectuelles et mentales, devient une vraie drogue dont abusent, entre autres, les soldats pour affirmer leur virilité et s'en targuer devant leurs camarades de combat. De cet exemple, se déduit aisément que Marta Hillers, réputée « conciliante », toujours prête à s'adapter à tout et à arrondir les angles, n'en était pas moins d'une lucidité tranchante.

Elle n'ignorait pas, non plus, les conséquences dramatiques des viols, par exemple les « grossesses forcées », et elle raconte à ce sujet une scène très claire, elle aussi. Elle se rendait, avec la veuve, à l'Hôtel de Ville afin de faire renouveler sa carte de rationnement, indispensable pour être servi dans les magasins d'alimentation. Une foule de

8. p. 336-337.
9. p. 264.

femmes attendaient et discutaient « du » problème. L'une, tonitruante, disait qu'« il n'y avait qu'à avorter », une autre, clamait que Staline (encore lui) avait promis d'attribuer aux mères d'un enfant russe une carte de la catégorie I, réservée aux artistes de renom, techniciens, chefs d'entreprise, ecclésiastiques, directeurs d'école, médecins et infirmières spécialisées en maladies contagieuses — beaucoup plus intéressante en grammes de pain, viande, matières grasses, céréales, sucre et café, que celles des catégories II et III, tout juste bonnes pour les ouvriers et les employés.

Marta réagit violemment à l'idée saugrenue de la femme qui clamait les louanges de Staline, dont le seul nom la mettait hors d'elle : « Non, je préférerais encore me flinguer »[10], ce qui lui vaudra un coup de coude de la veuve.

Elle redoutait, comme la veuve, les maladies vénériennes ; aussi avait-elle décidé d'aller à l'hôpital se faire examiner car elle avait « un retard de deux semaines » (elle n'en fut jamais atteinte). Elle ne pouvait pas davantage supporter l'idée de rester toujours frigide, et elle insiste en disant que si elle était « restée frigide durant tous ces accouplements. Il ne peut en être autrement, il ne doit pas en être autrement, [c'est qu'elle voulait] demeurer morte et insensible, aussi longtemps qu'[elle était] traitée comme une proie. »[11]

Et elle avait mesuré les possibles conséquences psychologiques pour elle-même et son entourage, du saccage de sa vie, elle qui avait été durant la catastrophe un « objet sexuel », ravalé plus bas que la plus « impudique » des chiennes. Ce qu'elle n'a jamais été, et qu'aurait pu deviner son ancien compagnon, Gerd.

Gerd — disons quelques mots de lui —, Marta le connaissait depuis une dizaine d'années. Il devait être beau, en tout cas « blond », instruit et délicat : il avait donc tout pout lui plaire.

10. p. 295.
11. p. 147.

Elle se souvient d'une journée irradiée de soleil, vécue le 1er septembre 1939, trois jours avant la déclaration de guerre de la France et de la Grande-Bretagne à l'Allemagne qui venait d'envahir la Pologne.

Ils faisaient une randonnée « à travers les forêts de pins de la Marche (de Brandebourg) » : ils avaient flâné autour d'un lac et s'étaient retrouvés « dans des nuages de papillons », auxquels son ami donnait des noms : lycène, papillon citrin, oiseau de feu, grand porte-queue, et autres épithètes colorées. Ils aperçurent tout à coup « un très grand papillon [qui] prenait un bain de soleil, les ailes écartées et légèrement frémissantes », un morio, lui dit-il : « il avait les ailes brunes, bordées de bleu et de jaune. »[12] Un passage, qui tranche par sa beauté et sa douceur sur les trois-quarts du Journal tellement atroces, et qui laisse imaginer une Marta capable d'être heureuse.

Peu après, ils se sont reposés sur une souche d'arbre et il a joué avec ses doigts, sans rien dire. Elle lui a demandé s'il était mobilisé : il venait de recevoir son appel sous les drapeaux… « Nous avons passé la nuit dans un refuge à l'écart. Trois jours plus tard, tu étais parti, et nous avions la guerre. Nous y avons survécu tous les deux. Mais est-ce pour notre bonheur ? »

Marta Hillers écrivit ces derniers mots entre le 16 et le 22 juin, le temps avait passé, la guerre aussi, avec tout ce que nous savons d'horreurs. Gerd en était revenu, changé, comme le sont tous les « revenants » (que l'on se rappelle les GI'S rentrés du Viêt-Nam ou les jeunes Français, d'Algérie), sans doute est-ce la raison de son désarroi, de sa nervosité et son irritation permanente, accentués chez lui parce que l'Allemagne avait perdu la guerre plus radicalement encore que les États-Unis en Asie du Sud-est ou la France en Algérie.

Aussi se trouva-t-elle « comme un glaçon dans ses bras », et Gerd, « renfrogné ».

Deux de ses camarades, « qui avaient échappé avec lui

12. p. 381sq.

aux bombardements et étaient allés se planquer dans une ville abandonnée », venaient souvent les voir : il exigeait que Marta leur serve des repas copieux ; elle préférait mettre de côté pour eux deux, les pommes de terre et le lard… Si elle ne parlait pas, il se fâchait ; si elle parlait de tout ce qui leur était arrivé, il ne pouvait pas l'entendre, d'où l'élégante remarque : « Vous êtes devenues aussi impudiques que des chiennes, toutes autant que vous êtes dans cette maison. »

Leur relation se dégradait de jour en jour, et Gerd s'en alla.

> « Parfois, je m'étonne moi-même que la brouille avec Gerd ne me fasse pas souffrir plus que çà. Lui qui auparavant signifiait tout pour moi ! Il se peut que la faim estompe les sentiments. J'ai tant à faire […] Je n'ai plus de temps à consacrer à ma vie intérieure ». [13]

Où l'on voit que la statue de glace, Marta Hillers, a dû beaucoup pleurer, quoi qu'elle en dise ici. Elle l'avoue, du reste, dans son Journal et nous aurons plus loin l'occasion de le montrer. Peut-être aussi, une fois ou l'autre, lui arrivait-il de rêver à son avenir, car il n'y a pas que la faim pour « estomper les sentiments ».

Mais venons-en à la guerre, qui détruit presque tout. Marta Hillers en parle avec amertume, Allemande aimant son pays, et qui, pourtant, fut capable d'évoquer les crimes commis par les Allemands sans rien atténuer de leur monstruosité. Et elle était loin de tout savoir.

En tout cas, lorsqu'elle mourut en 2001, à quatre-vingt-dix ans, elle en avait sûrement appris beaucoup, ne serait-ce que parce qu'elle était intelligente et intéressée par tout ce qui se passait autour d'elle. Dans son Journal, par exemple, elle

13. p. 386-387.

décrit, comme à l'accoutumée en multiples touches rapides, ce qu'il en fut de la famine dont elle souffrit, tant d'autres avec elle, et pas seulement les Allemands. « Au moment où j'écris ceci, mon centre de gravité, c'est mon ventre. Toute pensée, tout sentiment, souhait ou espoir passent par l'estomac. »[14] Et au moment où elle écrit, elle fait allusion à Knut Hamsun, le romancier norvégien, célèbre, pour son roman *La faim*, écrit en 1890. Marta Hillers s'identifie-t-elle au narrateur anonyme, un jeune écrivain et journaliste, qui erre seul et obsédé par une faim qui le tenaille de la première à la dernière page et entraînera chez lui de très graves troubles mentaux ? Sûrement pas, parce que la faim qui la tirailla n'était en rien comparable avec celle du personnage de Hamsun, qui la considère comme une épreuve imposée par l'Au-delà, dont l'acceptation lui donnera « une tête de lumière » et une omnipotence délirante : ce que jamais Marta n'a imaginé ! Si épreuve il y eut pour elle, ce fut la même que celle des autres, ni plus ni moins banale, en ces circonstances de pénurie frappant surtout les gens, pauvres ou modestes, globalement ceux de la cave : « Les petites provisions nous protègent de la faim. Moi, comme l'argent aux riches. »[15] Chacun se recrée une sorte de vie de famille :

> « On dresse la table du petit déjeuner sur des valises, des caisses et des chaises [...] Les récipients, remplis de boissons préparées sur des feux de bois ou des réchauds à alcool, sortent de manchons qui les gardaient au chaud. »[16]

Marta Hillers n'oublie pas non plus les régals du temps du major, quand elle se remplissait « la panse » pour « faire le plein de forces », des forces qui lui manquèrent plus d'une

14. p. 20.
15. p. 42.
16. p. 66.

fois, au point de l'épuiser, de la faire défaillir et de lui ôter « même la force de voler ou de piller. »[17]

D'une certaine manière, il est vrai qu'après l'occupation de Berlin par l'Armée rouge, la situation avait changé, à cause du travail que les Russes octroyaient à leurs employé(e)s, dont la petite rémunération était compensée par des soupes et du pain. Pourtant, le 31 mai, Marta notait :

> « Aujourd'hui a débuté ma vie de solitude et de famine dans la mansarde. Je suis persuadée que si je me suis ruée sur la nourriture comme je l'ai fait chez la veuve, c'était d'instinct, en prévision de ce qui allait suivre. [...] Raison pour laquelle je me suis empiffrée et bourrée autant que j'ai pu. »[18]

Plus loin, à la date du 11 juin, elle explique pourquoi, harassée, par « manque de matière grasse », elle avait un « voile devant [les] yeux, et le sentiment de planer et d'être de plus en plus légère. »[19]

Ces effets physiques de la faim n'étaient pas non plus comparables avec ceux des épouvantables famines auxquelles les nazis, dans leurs camps, soumirent les déportés. Et Marta Hillers en avait une conscience aiguë, qui lui interdit toujours de s'apitoyer sur elle-même.

Par ailleurs, il est indéniable que, durant la guerre, la vie des civils berlinois se résuma en courses aux pains, farine, gruau, semoule, carottes, pois, etc., et en queues qui n'en finissaient pas de s'allonger chez le boulanger, le boucher, le charcutier, le crémier, etc. « Je me suis plantée dans une

17. p. 291.
18. p. 346.
19. p. 372-373.

queue, raconte-t-elle, durant laquelle j'ai fait le pied de grue pendant deux heures. »[20] (C'est peu !)

Marta reconnaît avoir aussi participé à de vrais pillages, par exemple le jour où le bruit courut qu'à l'ancienne caserne de police, « on était en train de tout distribuer. » Elle s'y précipita « en trombe » et, bien qu'elle eût constaté que la « distribution » était en réalité un fabuleux pillage, elle prit tout ce qu'elle pouvait, puis remorqua son « butin » chez la veuve : quatre gros pains noirs, six petits paquets de farine de pois, une boîte de conserve et cinq bouteilles de bourgogne. On ne peut douter qu'elle en ait gardé un certain malaise… et d'autant moins qu'elle n'avait pas oublié les « ragots qui allaient bon train » chez le boulanger où l'on disait que, quand les Russes arriveraient,

> « ils ne leur laisseraient rien car ils avaient décidé que les Allemands devaient d'abord crever pendant huit semaines. En Silésie, les gens vont déjà dans les forêts pour déterrer les racines. Les enfants crèvent. Les vieux bouffent de l'herbe comme des bêtes. »[21]

Ces ragots, dont la boutique du boulanger semble avoir été la plaque tournante, étaient pourtant bel et bien vrais, et pas seulement à Berlin ou en Silésie.

Quand Marta Hillers était journaliste et parcourait l'Europe, elle séjourna en Ukraine, sans doute dans les années trente. Peut-être avait-elle visité la cathédrale Sainte-Sophie de Kiev, en tout cas, elle avait vu « les vastes champs de fleurs d'un jaune doré et huileux (de tournesols). »[22] Mais il est peu probable qu'elle ait su quelque chose de la famine organisée

20. p. 41.
21. p. 22.
22. p. 355.

par Staline, au sujet de laquelle le *black-out* ne fut pas moins total que celui sur les crimes allemands et russes : il faudra attendre l'ouverture des milliers de pages d'archives recueillies et publiées en 1989, pour que le voile soit levé sur cette tragédie.

Mais nous, nous savons qu'au moment où Staline déclencha sa révolution industrielle, vers la fin des années 1920, l'immense Ukraine était devenue l'une des sources indispensables au financement de son entreprise ; le maître du Kremlin réprima pendant une dizaine d'années toute opposition, ressentie comme un rejet du pouvoir bolchevik. De là, les millions de déportés en Sibérie. Cependant, il n'avait pas pu prévoir qu'entre 1931 et 1933, l'Union soviétique connaîtrait une série de famines, en Ukraine particulièrement, région la plus fertile de toute l'URSS, ni que mourraient de 2,6 à 5 millions de personnes. Plusieurs historiens soutiennent que Staline a utilisé cette famine et même l'a sciemment provoquée pour briser la paysannerie et le nationalisme ukrainien, et la plupart qualifient ce crime de « génocide ».[23] Marta Hillers a pu en être informée, comme nous tous, par la presse, et il n'est pas difficile d'imaginer quel jugement a dû être le sien.

C'est le même jugement acerbe — mais affligé — qu'elle porta sur ses compatriotes.

Elle regardait, un jour, un camion de soldats allemands vraisemblablement en fuite :

> « mon sentiment, le sentiment de toutes les femmes à l'égard des hommes était en train de changer. Ils nous font pitié, nous apparaissent

23. Voir par exemple l'étude de Nicolas Werth « De Tambov à la grande famine » dans *Le livre noir du communisme*, Robert Laffont, 1997, « Les génocides dans l'Histoire » dans *Le Monde diplomatique* d'août-septembre 2004 et plusieurs articles sur Internet.

> affaiblis, misérables. [...] Le monde nazi dominé par les hommes, glorifiant l'homme, vacille—et avec lui le mythe de l'"Homme." »

Marta Hillers avait vu de ses yeux le militarisme botté et casqué des SS, ainsi que l'obéissance forcenée des Allemands à Hitler, et elle exprime sa honte à cet égard : « Nous autres, Allemands, ne sommes pas un peuple de partisans. Nous avons besoin d'être guidés et commandés ».[24]

J'ignore si les Allemands ont besoin d'être guidés. Mais tout le monde sait que les SS, donc une catégorie spéciale d'individus, étaient capables de s'en remettre à leur chef vénéré, Himmler, fidèle serviteur du Führer, par respect de la discipline, et de commettre les pires crimes, parce que ces crimes leur étaient commandés. Et tous les criminels jugés après la guerre, à Nuremberg, à Hambourg ou à Tokyo, répétaient à l'envi qu'ils n'avaient fait que leur devoir de soldat.

Le sens du devoir et la discipline, c'est très bien, mais, poussés à l'extrême, ils deviennent redoutables ou ridicules, et pas uniquement chez les Allemands.

Redoutables par exemple, le comportement des Khmers rouges convaincus de leur droit à exterminer ceux de leurs compatriotes qui refusaient de se livrer pieds et poings liés à Pol Pot, ou celui des Hutus massacrant les Tutsis pour des raisons de prétendue supériorité raciale, ou celui des Serbes pourchassant les Bosniaques au nom de la même supposée supériorité ethnique, ou celui des « brigades de la mort » en Amérique latine, qui, pendant des décennies, ont violé, torturé massacré des centaines de « rebelles », déclarés indignes de vivre. Et combien d'autres encore, partout dans le monde.

Ridicules, ces hommes et ces femmes, formés à la discipline par les principes de leur milieu, des principes intériorisés au point de devenir un corset gênant, mais

24. p. 236.

imperturbablement porté. Marta Hillers, à ce propos, plaint ces femmes qu'elle avait aperçues un soir alors qu'elle était allée chercher de l'eau à la pompe.

Le support de la pompe s'était effondré et le bras, plusieurs fois arraché, avait été rafistolé : « Trois personnes [devaient] étayer l'édifice pendant que deux autres [pompaient]. Ce labeur collectif est bien entré dans les mœurs, personne ne bronche en l'accomplissant. »[25] C'était le 12 mai : Berlin aux mains des Soviétiques obéissait au diktat du « travail » (*Rabota* !) à accomplir avec des gestes plus que minutieux et selon un rythme mesuré au cordeau. Une autre fois, Marta constata, avec une ironie amère, qu'une femme, attachée au déblaiement de barres de métal, « les empilait dans des caisses, conformément aux ordres. »[26] « Instinct grégaire, instinct de conservation de l'espèce »[27], disait-elle, dès le début de son Journal. Mais, il y avait plus grave : « Pour la première fois, nous découvrons quelques maisons qui arborent un drapeau rouge, ou plutôt un fanion — visiblement découpé dans les anciens drapeaux décorés de la croix gammée. »[28] Mauvais souvenirs, si proches et si vite oubliés.

Ces souvenirs, Marta Hillers ne les a jamais oubliés, ce qui n'est pas le moindre signe de sa dignité. Ce devait être déchirant en effet, pour une Allemande, de parler des crimes perpétrés par les nazis, qui étaient des Allemands, pervertis, mais des Allemands tout de même, qu'elle imagine en « Teutons qui ont dû se comporter de la même manière [que les Russes] quand ils ont envahi Rome et se sont emparé des Romaines vaincues, de ces belles femmes au parfum subtil, à la chevelure savamment coiffée, aux pieds et aux mains soignés. »[29]

Toujours cette sensibilité à la beauté, une beauté d'autant

25. p. 262.
26. p. 321.
27. p. 34.
28. p. 246.
29. p. 128.

plus douloureuse qu'elle a été piétinée par des barbares : « Maintenant la beauté fait mal. Tellement la mort nous emplit. »[30] La mort et son cortège d'horreurs, propres aux temps de guerre.

Parvenue à ce point, je me sens comme jamais embarrassée, car je ne veux ni accabler les Allemands, ni les dédouaner de leurs crimes, au sommet desquels, la Shoah. Mais comment ne pas y penser ?

Marta Hillers ne connaissait pas le mot « Shoah » (extermination), repris par Claude Lanzman pour son film-documentaire de 1985. Mais, à l'instar de très nombreux Occidentaux, parmi lesquels d'évidence les Allemands, elle savait que des camps réservés, de façon toute particulière aux Juifs, avaient été implantés en Pologne, à quelque deux cents kilomètres de Berlin. Si les wagons à bestiaux, plombés, ne défilaient pas dans la capitale, ils passaient non loin, dans les campagnes et les villages. Ce qui veut dire que, sauf aveuglement et surdité presque inconcevables, tout le monde pouvait « soupçonner » que ces wagons bondés, qui repartaient vides, devaient avoir laissé, là-bas, des hommes, des femmes et des enfants, condamnés à une mort plus que probable. Marta Hillers, pour son seul compte, écrivait le 25 mai :

> « Il paraîtrait qu'à l'est, des millions de gens, pour la plupart des Juifs, ont été brûlés dans des camps, de grands camps. Il paraît aussi qu'on aurait utilisé leurs cendres comme engrais chimique : tout cela aurait été soigneusement noté dans de gros livres, registres comptables de la mort. Il se fait que notre peuple aime l'ordre. »[31]

30. p. 36.
31. p. 335.

N'aurait-elle écrit que ces quelques mots, qu'elle se serait assuré le respect et l'admiration de ses lecteurs.

Elle savait aussi que les Allemands avaient l'ambition de faire régner l'ordre sur tous les territoires conquis et à conquérir et, qu'en conséquence, ils lèveraient des troupes de plus en plus nombreuses et fanatisées, la milice populaire par exemple, la *Volkssturm* (littéralement, « Tempête du Peuple ») que Marta Hillers évoque avec une amertume désespérée, en revoyant ces enfants « d'une jeunesse effarante », portant « des casques d'acier dix fois trop grands », sous lesquels « on perçoit avec horreur le timbre de leurs voix claires. Ils ont tout au plus quinze ans, ont l'air si minces et frêles dans leur uniforme qui flotte autour de leurs membres. » Et elle commente :

> « Que ces gamins soient fauchés avant même d'être mûrs doit bien enfreindre une quelconque loi de la nature, c'est une atteinte à l'instinct, oui, cela va à l'encontre de tout instinct de conservation de l'espèce. Comme ces poissons ou ces insectes qui dévorent leur progéniture. »[32]

Quelle était leur mission ? Encadrés de vétérans, ils devaient prioritairement épauler la Wehrmacht qui subissait revers sur revers à l'Ouest comme à l'Est. Sans formation et équipés de bric et de broc, on confiait aux plus âgés des canons antiaériens, type *panzerfaust*, et aux autres, des armes légères. Ce sont ces autres-là, censés défendre Berlin, où ils combattirent héroïquement, d'ailleurs.

> « Dans l'esprit du parti nazi, cette mobilisation avait un caractère idéologique, puisqu'elle devait symboliser la mobilisation générale de la race

32. p. 48-49.

> aryenne contre les hordes “ploutocratiques” à l’Ouest et “judéo-bolcheviques” à l’Est. »[33]

Il n’est pas difficile d’en déduire que des unités de la Volkssturm participèrent, à divers degrés et dans diverses mesures, à l’élimination des Juifs.

La Volkssturm fut dissoute à la fin de la guerre par les Américains. Les SS disparurent aussi, à l’exception de ceux qui se réfugièrent en Amérique latine, laissant derrière eux des souvenirs inexpiables.

Je ne crois pas indispensable de revenir sur les exterminations massives des Juifs par le gaz. Qui, aujourd’hui, oserait encore les nier ? C’est pourquoi je m’attacherai à un unique exemple, peut-être moins connu : celui du massacre par balles de centaines de milliers de Juifs, en Ukraine, pays décidément martyrisé.

Dans son livre, *Porteur de mémoires*[34], un prêtre catholique Patrick Desbois, a révélé ce massacre, perpétré en Ukraine de l’ouest en 1941 par les *Einsatzgruppen* (unités spéciales d’intervention), lancées à la poursuite de tous les Juifs, massacre sur lequel le *black-out* persista jusqu’en 2007, au moment de ces révélations.

Accompagné d’une équipe de dix hommes et femmes, munis d’appareils photo et de caméras, parlant souvent l’hébreu et le russe, il a interviewé 460 témoins au cours de deux enquêtes menées en 2003 et 2004 dans tous les villages, où ne subsiste pratiquement rien des communautés juives, à l’exception d’immenses fosses communes et de quelques douilles enfouies sous la terre. Micha, l’un des membres de l’équipe, exhuma un jour avec un détecteur de métaux « un petit objet » et s’écria : « *Niemetska Ghilse* ! » (une douille allemande !) et il en trouva trois cents.

33. Voir sur Wikipédia l’article « Volkssturm ».
34. Michel Lafon, 2007.

« Une balle, un Juif. Un Juif, une douille », avait ordonné le chef de la *Einsatzgruppe D*, le SS Otto Ohlendorf, qui le reconnut lors des procès de criminels nazis à Nuremberg : il fut condamné à mort en 1948 et exécuté en 1951.

Quelle avait été sa stratégie ? Elle était simple : ordonner à tous les villageois, hommes, femmes et vieillards, de regrouper tous les Juifs, de les conduire au long de marches qui n'en finissaient plus jusqu'à des fosses, que des Juifs avaient été contraints de creuser eux-mêmes. Ensuite on les obligeait, le plus souvent, à se déshabiller. Puis, d'une balle dans la tête, on les basculait dans ces fosses. Enfin, les villageois jetaient le plus de terre possible sur leurs corps. Et chacun rentrait chez soi.

Il est arrivé que certains, à peine touchés par une balle maladroite, essaient pendant des heures, pendant des jours, de ressortir des fosses. Quelques-uns, rarissimes, y parvinrent la nuit, coururent chez des voisins qui généralement les cachèrent et les soignèrent.

Mais, dès le lendemain, on les retrouvait et tous, voisins compris, étaient ramenés au même endroit, et tués d'une balle bien ajustée, cette fois.

Patrick Desbois et son équipe ont entendu des centaines de récits effroyables. Je n'en ai retenu que deux, qui ont valeur pour tous les autres.

Ces récits ont été recueillis à Bousk, un village de l'extrême Galicie, aux frontières de la Pologne russe.

Le premier est celui d'un berger, Anton Davidovich, qui a vu passer de nombreux chariots transportant des Juifs morts. « On ne range pas les gens comme çà, dit-il. Même le bois on ne l'aurait pas rangé pareil. Les têtes traînaient par terre. » Il continue son récit, les yeux baissés :

> « Les Allemands avaient gardé une trentaine de femmes juives très jolies qu'ils faisaient travailler dans les bureaux de la Gestapo mais qui

> étaient utilisées comme “objets sexuels” par les policiers ou par les Allemands. »

Et lorsque les Allemands sont partis, « les femmes juives étaient toutes enceintes. »[35]

En lisant ce témoignage, je pensais à Marta Hillers, cet autre « objet sexuel », dont d'autres barbares ont voulu faire leur proie et à son angoisse des grossesses forcées. C'est toujours et partout la même sauvagerie, et, partout, toujours la même terreur pour les femmes, en temps de guerre : elles servent immanquablement au « repos du guerrier », qui n'a que faire de l'enfant qu'il laisse en souvenir.

Le second récit est celui d'Evguénia, la fille d'un violoniste. Chacun sait que les Allemands aiment la musique et que leurs compositeurs sont célèbres dans le monde entier. Le violoniste jouait avant la guerre pour les Juifs ; pour les Allemands pendant la guerre ; pour les Ukrainiens après la fin de l'occupation allemande, et connaissait « tout aussi bien le folklore yiddish que les danses bavaroises et les chansons traditionnelles de la Galicie. »

Un jour, il avait été réquisitionné par le *desiatnik* (un homme responsable de tâches, jadis administratives, devenues sous l'autorité nazie, criminelles, à savoir l'exécution des Juifs). Il a donc été contraint de creuser une grande fosse pour la combler de corps après la fusillade. Sa fille, Evguénia, alors toute petite, voulut savoir ce qu'on allait faire de lui.

Elle raconte : « Là où j'étais assise, je ne voyais pas bien les Juifs et les tireurs ; il y avait tellement de monde autour. » Et le père Desbois de commenter : « Je comprends que les civils réquisitionnés les jours des exécutions étaient parfois plus nombreux que les assassins et les victimes. »[36]

Cette fois encore en lisant ces lignes, je pensais aux réflexions de Marta Hillers sur le pouvoir d'attraction exercé

35. p. 246.
36. p. 249-250.

par l'horreur (ce qui, bien entendu, ne correspond pas à l'exemple de la petite fille angoissée pour son père). C'est à un tout autre spectacle que Marta a assisté, quand une certaine Mme Weiers, qui lui lisait les potins sur les attentats aux mœurs, « faisait toujours de gros yeux ronds et son regard brillait. Quelque chose en elle jouissait de l'horreur. » Et elle commente : « À moins que ce soit son inconscient qui se félicitait de ne pas être la victime. »[37] Réflexion très perspicace : notre inconscient en effet est capable de nous convaincre de contre-vérités dont nous sommes d'autant plus certains que nous les gardons enfouies en nous-mêmes, parce que nous avons décidé que « nos » vérités étaient les seules vraies.

Cela dit, l'anecdote précédente est surtout ridicule. Dans d'autres cas, c'est de l'épouvante.

Épouvantable, en effet, ce récit d'un jeune Russe de dix-sept ans au regard sévère, engagé volontaire dans l'armée, qui ordonna à Marta de dire que « dans son village, des militaires allemands [avaient] poignardé des enfants et [avaient] aussi saisi des enfants par les pieds pour leur fracasser le crâne contre un mur. » Avant de traduire, elle demanda : « Entendu dire ? Ou assisté vous-même à la scène ? » Lui, d'un ton sévère et le regard fixe : « Vu moi-même, deux fois. » Elle conclut avec une tristesse désespérée, que même « s'il s'agissait de SS, désormais, pour nos vainqueurs, ils feront tous partie du « peuple allemand » et nous devrons tous payer la note. »[38] (Et, s'agissant de SS dont la charge à Birkenau consistait à sélectionner les déportés, que de fois n'ont-ils pas arraché les nourrissons des bras de leur mère, avant de les écraser contre un mur ?)

Quant aux viols, beaucoup de femmes disaient un peu partout : « Les nôtres ont sans doute fait la même chose là-bas. »[39]

37. p. 23.
38. p. 206-207.
39. p. 292.

Ces femmes faisaient partie des rares qui osèrent regarder en face les crimes commis par leurs pères, leurs époux et leurs frères. Parmi ces dernières, Marta Hillers, nous l'avons déjà souligné, elle qui, de plus, avait conscience que les Allemands devraient payer pour leurs crimes.

Il est sûr aussi que dans ce contexte de fin de guerre, la propagande soviétique exhortait les soldats à se venger, par exemple en placardant sur des affiches les photographies de corps empilés à Majdanek (majoritairement juifs, mais ce fut délibérément tu), reproduites dans tous les journaux, et qu'au même moment, Ilya Ehrenburg, célèbre écrivain soviétique, écrivait : « Si vous tuez un Allemand, tuez-en un autre — il n'existe rien de plus drôle pour nous qu'un tas de corps allemands. »[40] En lisant ces mots, comment ne pas penser à la douleur de Marta Hillers devant « le cadavre de Berlin », à cette « odeur de sang » dont elle parle, à ces charniers qui faisaient penser à d'autres charniers ? Imaginait-elle les gigantesques fosses communes où, faute de chambres à gaz, on jetait des centaines, des milliers de cadavres dans les camps de concentration d'Allemagne, à Bergen-Belsen, à Buchenwald, à Dachau et ailleurs ? Non, elle l'ignorait. Nous, en tout cas, nous savons que les Alliés avaient libéré tous ces camps (il y en eut 203, en comptant les 6 d'extermination de Pologne) ; ils furent horrifiés par le spectacle indescriptible qu'ils découvraient, au point de ne pouvoir le soutenir — et que nous avons vu cent fois dans des documentaires.

Marta Hillers « sentit [sa] gorge se serrer », lorsqu'elle apprit le nombre d'Allemands qui s'étaient suicidés à l'arrivée des Russes, sans doute par peur des représailles. Et elle dut un jour essuyer le mépris d'un camarade d'études à la Sorbonne, avec lequel elle se promenait au Jardin du Luxembourg et qui, réglant son pas sur le sien, (cela se

40. Norman M. Naimark, *Viols en temps de guerre*, *op.cit.*, p. 209.

passait après les trois premières années du régime hitlérien) s'écria : « Ah, une fille du Führer ! »[41]

Je ne dirai jamais que tous les Allemands étaient des criminels. Depuis plus de vingt ans que j'écris sur la barbarie et la résistance aux barbares dans tous les pays, je crois avoir montré que, si beaucoup d'Allemands se laissèrent abuser par les promesses mensongères d'Hitler, beaucoup furent capables de *dire non,* le payèrent souvent très cher, mais rendirent en même temps son vrai visage à leur pays. Car il y eut de vrais Résistants allemands, des hommes, des femmes, des adolescents, de tous les milieux et de tous les bords qui, au nom du parti communiste, ou de leur philosophie morale, ou de leur foi chrétienne, refusèrent l'idéologie nazie. Faut-il citer Dietrich Bonhoeffer, Sophie Scholl ou Édith Stein, et tous ceux qui furent envoyés dans les camps, à Dachau par exemple, ouvert d'abord pour les Allemands ?

Quant aux soldats soviétiques, ils furent nombreux à ressentir une véritable haine devant les civils, qui pouvait s'expliquer, selon Norman M. Naimark, « par leurs histoires personnelles et familiales, parfois douloureuses ou par la brutalité absolue de la guerre engagée contre la Russie par les nazis. »

Une haine qui s'accrut à leur entrée en Allemagne qui, même durant les derniers mois, « demeurait nettement plus riche et plus développée que le milieu parfois assez primitif des envahisseurs. » Nous n'avons pas oublié à ce sujet les remarques de Marta Hillers sur la très modeste origine de la plupart des Ivans, venus du fond de la campagne ukrainienne comme Anatol, ou du tréfonds de la Sibérie comme Petka, ou du fin fond de l'Ouzbékistan comme le Mongol du major. Et les mémoires de guerre soviétiques, « semi-officiels » révèlent que les biens dont ils s'emparaient dans les maisons russes et ukrainiennes, « trouvaient place dans les placards des foyers allemands, en d'autres termes, que la

41. p. 257.

prospérité allemande s'était bâtie aux dépens des citoyens soviétiques. »[42]

Autre cause de cette haine, la vie extrêmement dure des Russes soumis à une discipline pire que celle, plus intériorisée, des Allemands : amendes injustifiées, mauvaise nourriture, habitat insalubre, etc. Il ne leur restait donc que la boisson comme « échappatoire au conformisme et à la routine » : « Le même soldat sobre, gentil, qui donnait des bonbons et de la nourriture aux petites filles allemandes pendant la journée les violait la nuit lors de beuveries. »

Il est avéré également que, pendant les années 1930, les interdictions sexuelles prescrites au nom de la dignité de « l'homme nouveau », étaient d'une extrême sévérité : on ne devait pas parler de sexe, ni écrire à ce sujet, les préservatifs, les maisons closes, les spectacles ou les films érotiques étaient inexistants : « De nombreux soldats soviétiques probablement sexuellement frustrés, se déchaînaient ainsi lorsqu'ils se trouvaient face à des Allemandes à la réputation de femmes faciles et libérées. »[43]

Que l'on se rappelle l'ivrogne Petka, « le Sibérien refoulé » et même le major aux belles manières, avant de se figurer Marta Hillers comme une femme facile et libérée.

Libérée de quoi ? De ces hommes qui profitèrent de tout chez elle, de sa table, de sa conversation et de son lit. On dira qu'elle n'était pas regardante sur « la chose », ne résistait pas longtemps et se montrait souvent aimable avec ses « visiteurs ». Peut-être. Mais, si sa maison leur servait de blanchisserie et de restaurant, voire de bordel, ainsi ce jour où l'un d'eux la pria de lui « procurer une fille » et donc de jouer les « entremetteuses »,[44] il ne faut pas oublier que les Russes s'emparaient des demeures, des biens et des femmes, parce qu'ils s'en arrogeaient le droit en tant que vainqueurs et jouissaient, sans limite aucune, de ce « droit ».

42. N. Naimark, p. 210.
43. Ibidem.
44. p. 180.

Quant à la lectrice ordinaire que je suis, encline il est vrai à l'empathie, elle ne trouve rien dans le Journal de Marta Hillers qui justifie que certains aient eu l'indélicatesse de la juger sur ses mœurs, et la grossièreté de la condamner pour son comportement au cours des années les plus sombres de l'histoire de son pays.

Personne ne s'étonnera que ce soit cette condamnation et ce jugement-là qui la meurtrirent le plus profondément, ces rumeurs autour de sa prétendue compromission avec le régime hitlérien. Je m'y arrête, parce qu'il est impossible de ne pas essayer de tirer au clair de telles accusations.

Marta Hillers, du reste, s'en est expliqué elle-même dans son Journal, à la date du 11 juin, avec sa lucidité et sa sincérité coutumières :

> « Maintenant tout le monde tourne le dos à Hitler, et personne n'était là. Tout le monde a été persécuté, et personne n'a dénoncé. Moi-même, étais-je pour ? Étais-je contre ? En tout cas, j'étais en plein dedans, et j'ai respiré l'air qui nous entourait et nous donnait une certaine couleur, même si nous ne le voulions pas. »[45]

Réflexion peu commune chez une Allemande de ce temps-là et qui a le mérite de rappeler dans quel brouillard ont vécu les Allemands sous la botte du Führer, eux qui, pour la plupart, l'avaient suivi les yeux fermés, et qui, après sa chute, se voulurent innocents de ses crimes. Pourtant, l'immense majorité s'était laissé abuser par ses promesses de prospérité et de paix au moment même où il préparait la plus ruineuse et la plus dévastatrice des guerres, et séduire par ses discours, à l'extraordinaire puissance de conviction, où il jurait qu'il vengerait l'Allemagne des humiliations de la

45. p. 257.

défaite de 1918 et des réparations exorbitantes imposées par les vainqueurs. Quel Allemand n'a pas prêté l'oreille à ces harangues ? Et combien ont-ils été à ne pas croire que tous leurs maux venaient de la coalition judéo-bolchevique, thèse clé de *Mein Kampf* ?

Marta Hillers avait lu ce manifeste de la haine et du crime, mais sans en être éclaboussée. Pourquoi ? Parce que l'écart était infranchissable chez elle entre le délire furieux d'Hitler et l'autonomie irréfragable de sa personnalité, liberté de conscience et lucidité qui la rendirent sensible à la fois au malheur des persécutés et à la responsabilité collective des Allemands, compromis, qu'ils l'aient voulu ou non, avec le pouvoir en place, ne serait-ce que par leur silence.

Pour être juste, disons que les Français n'ont pas fait mieux sous le régime de Vichy, séduits par le slogan pétainiste « Travail, Famille, Patrie », qui promettait nos relevailles après la chute ; ni les communistes de la même époque en France et partout, remis corps et âme à Staline, qui promettait un avenir de sécurité, de bonheur et de prospérité ; ni aujourd'hui encore les Syriens du prometteur Bachar al-Assad, convaincus qu'ils protègent le peuple de l'envahisseur et pilleur occidental. Et combien d'autres, aveuglés par d'autres dictateurs.

Marta Hillers a respiré longtemps cet air empoisonné : elle était « en plein dedans », a-t-elle eu le courage de dire.

Il est vrai qu'avant la guerre, très jeune et inconsciente des réalités pourtant déjà menaçantes, tout lui réussissait, et elle avait parcouru l'Europe sans se préoccuper excessivement des problèmes économiques ou politiques de la France, de l'Italie et des autres pays qu'elle découvrait. Quant aux enquêtes qu'elle menait pour des journaux tolérés par les nazis, donc passe-partout, elles ne lui valurent aucun ennui.

Il faudra que fonde sur elle la catastrophe, pour qu'elle

prenne conscience de cette autre catastrophe de la guerre déchaînée par l'ambition d'Hitler, et il faudra qu'elle soit écrasée par les Ivans, ivres de vengeance, pour qu'elle réalise à quelles conséquences avait mené cette folie de la guerre dans laquelle s'étaient engouffrés les nazis, ivres de gloire :

« Les nazis se sont montrés trop zélés, ont infligé au peuple trop de brimades, et maintenant ils doivent expier pour la défaite générale. »[46] Une défaite générale, en effet, qui dépassait le cadre de la seule défaite militaire, parce que c'était la défaite de toute la civilisation occidentale — dont l'Allemagne hitlérienne s'était voulue le fleuron.

Et pourtant, ajoute Marta Hillers, « je ne voudrais pas être de celles qui livrent ces grandes gueules au bourreau. » Sentiment, qui paraît contradictoire avec le constat amer du nécessaire châtiment, au nom de la justice, de tous les nazis, mais qui se comprend à ce qui suit : « ce serait peut-être différent s'ils m'avaient frappée personnellement ou s'ils avaient fait périr des gens qui sont mes proches », où l'on découvre une sorte de compassion, assez rare chez elle, car ces hommes-là étaient symboliquement ses frères, compassion qui débouche en définitive sur la souffrance des vaincus, fussent-ils d'anciens bourreaux, qu'elle ne peut s'empêcher de plaindre.

À ce sujet, on lit dans le Journal, à la date du 16 mai, donc huit jours après la capitulation allemande, quelques-uns des mots les plus émouvants qu'elle ait jamais écrits.

Ce soir-là, Marta, toujours en quête de nourriture matérielle et spirituelle, avait trouvé au hasard des volumes puisés dans la bibliothèque du propriétaire de son trois-pièces sous les toits (sa « mansarde »), *Les Perses* d'Eschyle, qu'elle dévora : elle y vit le reflet de l'Allemagne vaincue. Il s'agit en effet d'un drame historique où l'accent est porté non pas sur la victoire flamboyante des Athéniens à Salamine (en 480 avant notre ère), mais sur la misère des

46. p. 292.

Perses vaincus, ainsi qu'en avait décidé la colère des dieux pour les châtier de leur arrogance:

> «La longue plainte sur la misère des vaincus, est à la mesure de notre défaite—et, d'un autre côté, elle ne l'est pas du tout. Notre triste sort d'Allemands a un arrière-goût de nausée, de maladie et de folie, il n'est comparable à aucun autre phénomène historique.» Et elle évoque à nouveau les camps de concentration, « les millions de gens utilisés comme engrais, rembourrage de matelas, savon mou, paillasses de feutre—et cela ne se trouvait pas chez Eschyle.»[47]

Je souligne simplement la précision du vocabulaire d'une Marta Hillers soucieuse du mot le plus juste, ainsi «nausée», qui définit on ne peut mieux l'impression laissée par cette page écœurante de l'histoire allemande, «maladie», qui suggère combien la séduction du pouvoir hitlérien a rongé les Allemands comme un cancer aux multiples récidives dont ils ont hérité de père en fils, et «folie», qui a fait perdre la tête à tant d'entre eux, rêvant d'une reconquête de «l'espace vital» du Reich.

Et cela veut dire que Marta Hillers ne fut pas une petite journaliste, sympathique, quelque peu irritante, audacieuse ou un peu quelconque: c'était un vrai écrivain, travaillant son texte, ce qui saute aux yeux quand on le lit de près, le composant et recomposant, y insérant des ajouts au fur et à mesure que—des cris et hurlements des premières pages à l'apaisement des dernières—s'élargissait sa perspective en larges retombées plus méditatives, un écrivain, attaché au rythme de ses phrases, parfois rapides, très coupées, morcelées, d'autres fois beaucoup plus amples, c'est-à-dire en un mot à son style.

47. p. 381.

Un style unique que personne n'aurait pu imiter, tant il est personnel, et dont personne de suffisamment libre de préjugés ne saurait contester l'authenticité.

La même femme qui parlait cru, âpre, violent, vulgaire, décrivait avec mélancolie, tristesse, douceur, des paysages, des choses simples, des êtres complexes et des émotions venues du plus profond d'elle-même.

À tel point que ce qu'elle appelle ses « pauvres mots » ont bel et bien suffi à faire comprendre ce qui s'était passé durant la guerre, ainsi que ses propres émotions et les réactions des autres autour d'elle, servie, comme elle l'était, par cet art de la description et du portrait qui, au tout premier titre, la caractérisent. Nous l'avons déjà suggéré, nous y reviendrons.

> « J'ai marché sur des braises, j'ai été exposée à tous les vents, et je me demande ce qui parviendrait encore à me toucher et à m'émouvoir vraiment aujourd'hui ou demain. S'il est question de continuer à vivre, pourquoi pas finalement dans des déserts de glace ? »[48]

Conclusion surprenante, et qui laisse rêveur…

Je ne sais pratiquement rien de la manière dont Marta Hillers a vécu après 1945 et j'ignore si sa vie fut vraiment menacée par la famine, comme elle le laissait entendre tout à la fin de son récit — ou par autre chose —, je sais seulement que pendant la catastrophe, elle a fait ce qu'elle pouvait pour survivre en usant des ressorts dont elle disposait, compte tenu de ce qu'elle était. Et je m'autorise à croire qu'après, forte de son expérience, elle a dû s'efforcer de vivre avec quelques autres qui l'ont aidée et qu'elle aida aussi. Cela s'impose comme une évidence à la simple lecture de son Journal. En dépit de quelques ambiguïtés et de quelques hésitations, Marta Hillers a atteint une dimension humaine, bouleversante, qui serait peut-être restée méconnue, voire

48. p. 233.

inconnue, si son expérience tragique et exceptionnelle ne lui avait donné de traverser le miroir de la vérité, sans en être défigurée.

III

Je sais seulement que je veux survivre — à l'encontre de toute raison, absurdement, comme une bête[1]

Le 22 juin, Marta Hillers, toujours affamée sur le point de fermer son Journal, repensait à « quelque chose de drôle » : la veille, elle avait entendu le petit Lutz Lehmann, quatre ans, demander à sa mère s'il ne pourrait pas manger le cheval arrêté devant lui presque mort à force de tirer une lourde charrette, « un vieux canasson », qu'il dévorait déjà des yeux.

Et elle, avait-elle atteint « le point limite où [sa] vie serait menacée » ?

Mais non !

Je veux, il faut, ne cesse-t-elle de se dire en tirant elle aussi sa « charrette », son lourd fardeau de faim, d'épuisement, de dégoût, qu'elle rejetait rageusement puis reprenait par défi et par volonté : « Je ne puis continuer à vivre ainsi comme une plante, il faut que j'agisse, que j'entreprenne quelque chose. »[2] Décision qui lui permit de s'adapter pour survivre dans cette situation, pourtant extrême, de fin de guerre catastrophique.

1. p. 387.
2. p. 303.

Si donc survivre est affaire de volonté, il y faut aussi une singulière faculté d'adaptation. Comment s'adapte-t-on à une situation extrême ?

Bruno Bettelheim, survivant de Dachau et de Buchenwald l'a expliqué en connaissance de cause :

> « Nous nous trouvons dans une situation extrême quand nous sommes soudain catapultés dans un ensemble de conditions de vie où nos valeurs et nos mécanismes d'adaptation ne fonctionnent plus [...] nous touchons alors le fond ; nous devons nous forger un ensemble d'attitudes, de valeurs et de façons de vivre selon ce qu'exige la nouvelle situation. »[3]

Beaucoup plus tard, et d'un point de vue plus théorique puisqu'il n'avait pas été déporté, Gustave-Nicolas Fischer précisait les caractéristiques de toute situation extrême, c'est-à-dire mettant la vie en danger (maladies graves, catastrophes naturelles, camps, guerres), à l'intérieur desquelles les individus sont obligés, pour continuer à vivre, de « s'approprier » la condition qui leur est imposée : intensité et démesure qui rendent la vie insupportable, atteinte des dernières limites plongeant dans une souffrance et un malheur extrêmes qui risquent de détruire les facultés naturelles d'adaptation, violence inouïe provoquant un bouleversement radical « qui ébranle une vie et qui la précipite dans un abîme d'où il n'est pas facile de sortir. » Celui qui y parvient doit donc faire appel à des facultés d'adaptation exigeant la mise œuvre d'attitudes « insoupçonnées » et « insoupçonnables ».[4]

Je crois que c'est ce que Marta Hillers a fait dans un contexte différent et pourtant semblable par son intensité et

3. *Survivre*, Robert Laffont, 1979, p. 24.
4. *Le ressort invisible. Vivre l'extrême*, Le Seuil, 1994, chapitre préliminaire, « Qu'est-ce qu'une situation extrême ? »

sa violence. Elle s'est forgé en effet une attitude d'adaptation aux Ivans.

D'abord, par-delà la peur et l'horreur qu'ils lui inspiraient, elle les a vus non pas comme des monstres, mais comme des êtres humains : « Je sais que ce sont des hommes comme nous », pour la plupart « élevés à la dure, des hommes simples, des enfants du peuple. »[5] Elle s'opposait ainsi au « petit Vania », un peu sot, qui lui déclara un jour : « Nous autres, êtres humains, sommes tous mauvais, tous. Moi aussi je suis mauvais, j'ai fait le mal. »[6] Marta Hillers savait d'expérience que tous les Russes n'étaient pas « mauvais », elle savait aussi ne pas mélanger « le bon le grain et l'ivraie ».

Et surtout, la conscience de la culpabilité de l'Allemagne et de sa propre insuffisance lui interdit toujours de porter des jugements à l'emporte-pièce. À l'égard des Ivans, elle n'a même pas éprouvé de haine et pas davantage à l'égard des nazis, seulement une pitié mêlée de compassion. En cela, elle rejoignait d'une certaine manière Germaine Tillion qui, lors du procès des criminels nazis, jugés à Hambourg, auquel elle assista, les regardait avec une pitié consternée :

> « Peut-on appeler “haine” cette douleur morne, trop clairvoyante pour ne pas inclure une compassion déchirée ? [...] je les voyais non sans pitié, correspondre par gestes et regards avec, dans le public, quelqu'un qui les aimait... [...] Ils étaient là, bien habillés, bien peignés, bien savonnés : corrects. Un dentiste, des médecins, un ancien imprimeur, des infirmières, quelques employés moyens. Pas de casier judiciaire, études normales, enfances normales... Des gens ordinaires. »[7]

5. p. 117.
6. p. 125.
7. *Ravensbrück,* Le Seuil, 1973 et 1988, p. 186.

Les Ivans, eux aussi, étaient des gens ordinaires, « désespérément normaux ».[8] Est-ce pour cela que Marta a pu s'adapter à eux ? Sans doute, mais pas seulement en « badinant » : elle s'en moquait ouvertement, jouait la comédie aux hommes en général et aux Ivans en particulier, « instinctivement, face aux hommes, je me suis toujours fait passer pour un peu plus bête et plus ignorante que je ne le suis »[9] (ce ne devait pas être facile pour une femme comme elle…) Elle était certaine d'avoir en main « un bon jeu de cartes » (et quelle joueuse n'était-elle pas !) Et elle laissait courir sa mémoire en se rappelant le Candide de Voltaire, imperturbablement optimiste jusqu'à ce que ses malheurs lui ouvrent les yeux :

> « Le petit être assujetti et insignifiant ne connaissant que l'être-au-monde qui lui était échu par la naissance ne m'a pas semblé plus malheureux à Paris qu'à Berlin. Il s'est mentalement adapté aux conditions de vie dans lesquelles il s'est retrouvé. »[10]

Peut-être lui faisait-il penser à elle, du moins telle qu'elle avait été avant ce qu'elle appelle, non sans raison, « catastrophe », « raz-de-marée ».

Ensuite, elle s'est adaptée grâce à sa volonté d'exercer son métier de journaliste jusque dans la cave, sans jamais révéler à quiconque son secret. À l'une des résidentes qui lui demandait un jour ce qu'elle écrivait, elle répondit : « C'est sans importance, des histoires que je gribouille comme ça, pour m'occuper »… Et journaliste, elle l'est restée, gardant toujours les yeux grands ouverts et l'esprit en éveil afin de ne rien oublier de tout ce que se passait : *je note*, *je calcule*, *je dénombre*, *je récapitule*, *je fais des bilans*, répète-t-elle.

8. p. 155.
9. p. 266.
10. p. 266.

«J'écris, j'écris, j'écris tout ce qui se bouscule dans ma tête et dans mon cœur»[11], pour voir clair, comprendre, ne pas devenir folle, pour éventuellement témoigner, et pour se garder de la peur :

> «Je sais une chose : c'est que dans la mêlée du combat, dans le feu de l'action, on ne pense plus à rien. Et qu'on ne ressent même pas la peur, parce que l'esprit est ailleurs et qu'on est entièrement pris par ce que l'on fait. »[12]

C'est bien comme un soldat que Marta Hillers s'est battue. Comme le soldat, sur un autre champ de bataille, elle attendit des heures et des heures l'arrivée de l'ennemi, repéra l'emplacement des mines et des pièges, les signala et les évita.

Sans doute est-ce cette activité d'autodéfense qui lui permit de ruser avec la mort et ce faisant, de chercher à la vaincre, « Vaincre la mort rend plus fort ! » disait-elle, armée de sa devise, et d'autant plus qu'elle ne s'est jamais vue en victime : elle a surtout éprouvé de la colère et, parce qu'elle était Allemande, le sentiment amer d'un juste retour des choses. En outre, elle eut la capacité de surmonter son traumatisme sans pour autant l'oublier : elle en a parlé, a tenu au jour le jour son Journal, prouvant qu'elle pouvait mobiliser ses ressources de journaliste, combien aguerrie. Et comme tout journaliste envoyé en mission et plongé en pleine guerre, elle voulut rendre compte des événements : pour cela, elle a fait preuve de discernement. Un exemple suffit à le rappeler, ce souci de ne jamais enfermer les Russes et les Allemands dans la même condamnation pour leurs crimes, car tous les Russes ne formaient pas « un bétail » uniformément sauvage, ni tous les Allemands des hordes de Teutons.

Puis, et là comme un écrivain plutôt doué, elle s'est

11. p. 32.
12. p. 68.

adaptée en exploitant des images appropriées on ne peut mieux à sa situation, ainsi celle des palmes : « J'ai l'impression d'être blindée pour la vie, comme si j'étais dotée de palmes pour nager dans la vase, comme si mes fibres étaient particulièrement souples et coriaces. »[13]

L'image est remarquable, parce qu'elle souligne la plasticité *et* la résistance du tempérament de Marta Hillers, grâce auquel elle put s'adapter *sans* cesser de résister. Elle est également spectaculaire, parce qu'elle donne à voir ces barbares qui la contraignirent à s'enfoncer dans la vase mais qui ne réussirent pas à l'y noyer, et elle donne aussi à penser que ce sont « les palmes » de l'écriture qui lui ont permis de nager, surnager et survivre, en lui faisant sentir que la vie valait la peine d'être vécue. À ce titre, comment ne pas lui attribuer « la » palme de l'écriture et d'une écriture non pas seulement ironique, mais recréatrice de soi ? Car c'est en écrivant qu'elle s'est reconstruite.

Peut-on voir dans la métaphore des palmes autre chose encore ? Une spécialiste de Lacan, Marie-Anne Puveau, s'y est employée dans un article « Marta Hillers, Lacan, Spinoza : propos sur le désir ».[14] La métaphore n'est ni triste ni sordide, nous dit-elle, mais au contraire « empreinte de désir ». Elle cite alors un fragment de l'Éthique de Spinoza, où sont distingués deux désirs, celui de la joie et celui de la tristesse :

> « la force du désir qui naît de la Joie doit être définie à la fois par la puissance de l'homme et celle de la cause extérieure ; celle, au contraire, de la Tristesse par la seule puissance de l'homme. »

Il est donc rassurant que « le désir puisse surgir d'un état non heureux », c'est « une bonne nouvelle qui nous sort de

13. p. 265.
14. *Cf.*, sur Internet, *Pensée du discours*, Hypothèses, org / 5375.

l'obligation du bonheur si prégnante dans les sociétés de la performance, de la réussite et de l'image publique. » De là, un rapprochement de la nage dans la vase avec la métaphore du rocher, utilisée par Camus dans *Le mythe de Sisyphe* pour imaginer Sisyphe heureux, et heureux jusque dans l'absurde, parce que rien n'a de sens que ce que l'on décide de faire soi-même, même si c'est inutile et sans espoir. De cela découle une conclusion, heureuse elle aussi, selon laquelle « Marta Hillers et Spinoza nous donnent l'occasion de nous représenter un Sisyphe, doté d'un désir qui lui viendrait de sa tristesse. »

Au premier regard, l'analyse laisse perplexe : il est difficile en effet de se représenter une Marta Hillers, triste, déprimée et prisonnière du sentiment de l'absurde. Si « tristesse » il y eut chez elle et le mot est faible en l'occurrence, elle lui est venue non pas d'elle-même, mais d'une « cause extérieure », contrairement à l'hypothèse de Spinoza, de ces barbares qui la contraignirent à s'enfoncer dans la vase.

Puis à la seconde lecture, on se laisse convaincre, en se reportant au sens du mot « désir » chez Spinoza, tel que le précise sa commentatrice. En effet pour le philosophe, le désir est la volonté de persévérer dans l'existence, une force vitale, une activité qui procède « de soi », alors que la passivité procède « d'une cause extérieure à soi ». C'est pourquoi, écrit-il,

> « Chacun a le pouvoir de se comprendre lui-même et de comprendre ses affects d'une façon claire et distincte sinon totalement, du moins en partie, et il a par conséquent le pouvoir de faire en sorte qu'il ait moins à les subir. »[15]

Il y a donc joie dans l'activité de l'esprit et tristesse dans la passivité qui équivaut à la mort de l'esprit. Philosophie de la joie donc et de la liberté, puisque le contraire de la liberté

15. *Éthique V*, Proposition 4.

n'est pas la nécessité imposée par un improbable destin, c'est la contrainte dont on décide de se dégager.

Aussi peut-on imaginer Sisyphe heureux, malgré l'obligation prescrite par les dieux de hisser son rocher, obligation dont il s'est libéré quand il décida de ne plus s'y soumettre.

Dans cette perspective, il est sûr que le désir qui animait Marta Hillers était bien le désir de vivre et de survivre envers et contre tous les obstacles, et de n'être plus un objet ballotté au gré du destin.

Enfin, Marta Hillers s'est adaptée en se forgeant ces nouvelles valeurs et façons de vivre dont parlait Bruno Bettelheim.

Nous savons déjà qu'elle pensait à ceux qui l'entouraient ou qu'elle avait connus, aux événements dramatiques qu'elle vécut et qui se déchaînèrent autour d'elle. Nous devinons qu'elle voulut rester maîtresse d'elle-même à un fait probant : elle a usé, instinctivement *et* délibérément, des ressorts qui étaient les siens. Instinct et volonté ne s'opposant pas chez l'être humain, mais se complétant et s'influençant réciproquement.

Quant à l'instinct de survie, il caractérise l'Homme de façon particulière puisqu'il implique, surtout dans des circonstances extrêmes, une refonte de ses valeurs antérieures, non qu'elles n'aient pas été positives, mais parce qu'elles ne lui servent plus. Ainsi, l'interdit de tuer, de voler, de mentir où se reconnaissent toutes les civilisations, se retourne, pendant les guerres, en son contraire : on peut, on doit tuer pour ne pas être tué ou pour sauver la vie d'un camarade ; on peut, on doit voler pour se maintenir en vie et épargner la mort à un autre ; on peut, on doit mentir pour ne pas trahir son groupe lors d'un interrogatoire. Donc, les valeurs antérieures, reçues de sa famille et de l'école, qui distinguaient nettement le bien et le mal, le juste et l'injuste, le vrai et le faux peuvent revêtir un autre sens, non moins impératif. À ce propos, comment ne pas penser à Élie Wiesel, survivant d'Auschwitz, qui raconte dans *La Nuit*, comment il s'est lui-même senti soulagé à la mort de son père qui lui laissait, avec son pain, une chance de survie ? Je cite le passage, parce qu'il est non seulement émouvant, mais parce qu'il montre à quelle extrémité peut mener une situation particulièrement cruelle. C'était à Buchenwald où il avait été transféré. Son père agonisait et le médecin qui s'en occupait lui avait dit :

> « Écoute-moi, petit. N'oublie pas que tu es dans un camp de concentration. Ici, chacun doit lutter pour lui-même et ne pas penser aux autres. Même pas à son père. [...] Je te donne un bon conseil : ne donne plus ta ration de pain et de soupe à ton vieux père. »

Après s'être révolté, il se laissa peu à peu ébranler car son père ne cessait de crier et de l'appeler, au point qu'un officier SS lui assena un violent coup de matraque sur la tête. Pendant la nuit, bien que son père respirât encore, il récupéra son pain : « Il n'y eut pas de prières sur sa tombe. Pas de bougie allumée pour sa mémoire. Son dernier mot avait été mon nom. Un appel, et je n'avais pas répondu. » Qui se scandaliserait de cette « récupération » ? Élie Wiesel qui avait quinze ans, dut, pour ne pas mourir, « s'adapter » à une situation désespérée ; il ne se le pardonna jamais ; mais cette nuit-là toutes les chances lui avaient fait défaut.

Sans de nombreuses chances, en effet, personne ne serait revenu de Buchenwald, de Ravensbrück ou d'Auschwitz.

Il est d'autres moyens d'adaptation, moins tragiques, et Marta Hillers les a employés d'instinct *et* résolument, comme on saisit une chance.

Inestimable chance, par exemple, que d'avoir pu garder la tête froide et d'être capable de s'abstraire mentalement des pires situations. C'est ainsi qu'elle s'était fabriqué un fabuleux bestiaire dont faisaient partie ses compagnons d'infortune et ses ennemis, où se mélangeaient des loups hurlant à la mort, un ours-taureau (Anatol), des chevaux furieux et des juments avec leurs poulains (Mlle Behn), des « chiens dévorants » (comme ceux d'Athalie), des renards en chasse, des rats et des souris, des oiseaux carnivores, des meutes et des hordes d'animaux qui rugissaient, tandis que le coq chantait, que la vache meuglait, que le canari des libraires piaillait et qu'un « troupeau » de femmes, d'un coup vieillies, se traînait — qu'elle compare à un « sinistre harem turc, galerie de masques mortuaires à demi voilés »[16], avec ce ton cynique / mélancolique qui est si souvent le sien.

Chance encore, d'être solide, en bonne santé, jeune et obstinée dans sa volonté de trouver une issue, de creuser un trou où se cacher, de se fabriquer un nid, une coquille, comme Primo Levi l'avait fait à Auschwitz et le décrit dans *Si c'est un homme*[17] :

> « La faculté qu'a l'homme de se creuser un trou, de secréter une coquille, de dresser autour de soi une fragile barrière de défense, même dans des circonstances apparemment désespérées, est un phénomène stupéfiant [...] Il s'agit là d'un précieux travail d'adaptation, en partie passif et inconscient, en partie actif. »

Travail passif, en ceci que c'est une nécessité extérieure à soi qui l'impose : tu t'adaptes ou tu meurs. On dit bien que, dans les camps, les prisons, les lieux de détresse extrême, ceux qui ne pouvaient s'adapter au moins un peu, ne résistaient pas longtemps : il fallait pour survivre manger et boire n'importe quoi, consentir à ne plus se laver, à être dépouillé de ses vêtements, renoncer à ce tout qui protège sa dignité d'être humain. Voici Charlotte Delbo décrivant une scène horrible qu'elle vécut à Birkenau :

16. p. 30.
17. Turin, 1958 et 1976, Paris, Julliard, 1987, p. 60.

> «J'avais soif depuis des jours et des jours, soif à en perdre la raison, soif à plus pouvoir manger, parce que je n'avais plus de salive dans la bouche, soif à ne plus pouvoir parler, parce qu'on ne peut pas parler quand on n'a pas de salive dans la bouche. Mes lèvres étaient déchirées, mes gencives gonflées, ma langue un bout de bois.»[18]

Charlotte Delbo ne pouvait rien faire d'autre que subir, et elle fut souvent contrainte de s'adapter aux conditions de vie ignobles de l'enfer d'Auschwitz, mais elle y a survécu, et de façon active, grâce à plusieurs facteurs, parmi lesquels non seulement sa propre énergie, mais l'entraide et l'amitié de nombreuses compagnes, car il est rare que l'on survive seul.

Cela arrive parfois, ainsi que l'atteste Pin Yathay, perdu dans les forêts du Cambodge et pourchassé par les Khmers rouges. Dans *L'Utopie meurtrière*[19], il raconte comment il dut se débrouiller seul pour se nourrir dans la jungle : viande crue de tortue, fruits et champignons inconnus : «Je ne me demandais pas s'ils étaient empoisonnés. Je me fichais de ce qui pouvait m'arriver», limaces répugnantes qu'il faisait griller (il avait pu garder son briquet), et même guêpes, dont il captura un essaim sous l'œil des vautours, et même serpents, et même sangsues. Autrement dit, Pin Yathay a réussi, ce jour-là et pendant des mois, le tour de force, lui un homme si raffiné, de s'adapter, avec une activité inébranlable, à des conditions de survie inhumaines, ce dont jamais il ne se serait cru capable.

Il est vrai aussi que la chance a souvent joué en sa faveur et il se définissait à ce titre comme le nouveau «Robinson»... Ce qui ne serait évidemment jamais venu à l'esprit de Marta Hillers.

18. *Une connaissance inutile*, Minuit, 1970, p. 42-43.
19. Robert Laffont, 1980, p. 360 sq.

Mais elle bénéficia d'autres chances. Elle avait dû hériter à sa naissance, après des soins vigilants, des présences réconfortantes, d'inévitables manques.

Je ne me livrerai pas à des conjectures, puisque je ne sais rien de précis à ce sujet. Cependant, la lecture de son Journal apprend beaucoup de choses sur sa famille, ses études, son éducation et les liens qu'elle a tissés.

Marta parle une fois ou l'autre de ses parents qui l'aimaient :

> « Je repense à ce que ma mère me racontait si souvent du petit enfant que je fus un jour. Un bébé tout blanc, tout rose dont les parents s'enorgueillissaient. Et lorsqu'en 1916 Papa dut partir à l'armée, au moment des adieux à maman, il a encore insisté pour qu'elle n'oublie jamais de me mettre mon petit bonnet pointu qui me protégerait du soleil. »[20]

Il n'est pas revenu.

Elle reçut la formation des jeunes filles « de bonne famille » et fit des études correctes : elle était attentive, studieuse et aimait apprendre, surtout l'allemand et l'histoire. Elle se rappelle à ce propos

> « une toute jeune enseignante [qui remplaçait le professeur d'histoire], au nez retroussé, qui fit l'effet d'une bombe quand elle débarqua dans la classe. Elle contredit effrontément le contenu patriotique de notre livre d'histoire. »

Pour elle, Frédéric le Grand « n'était qu'un irresponsable et un aventurier. » En revanche, elle faisait l'éloge du premier président de la République allemande, le social-démo-

20. p. 124.

crate Friedrich Ebert que leur ancien professeur qualifiait ironiquement d'« apprenti sellier ». Après de telles leçons qui leur plaisaient assez, elle fixait les élèves « de ses yeux noirs de braise et clamait haut et fort, les mains levées dans un geste implorant : "Les filles, changez le monde, car il en a besoin !" »[21] Les filles rejetaient, elles aussi, énergiquement le monde : dans les années vingt (Marta avait une quinzaine d'années), il y avait des millions de chômeurs, l'avenir menaçait d'être très sombre pour longtemps et pas seulement pour les jeunes.

Marta Hillers, bien exhortée à l'action pendant son adolescence, prit assez souvent la défense de ses compagnons, avec courage, bien qu'elle ne se soit jamais considérée comme une héroïne. Durant la catastrophe, elle eut peur comme tout le monde, rêva de se terrer comme tout le monde et fit l'impossible pour survivre comme tout le monde.

Un jour, elle se demanda si l'on pouvait parler d'héroïsme pour l'un ou l'autre des résidents de la cave, et Melle Behn lui vint à l'esprit, peut-être avec un sourire amusé : « la jument dominante : une héroïne ? Si elle avait été lieutenant elle aurait eu la Croix de Fer, c'est sûr. »[22] Et elle l'aurait méritée ! Et Marta Hillers ? Probablement pas, et pourtant…

Sans revenir à la jeune fille blessée, étendue sur une chaise longue, devant laquelle elle se plaça pour la protéger, j'évoquerai maintenant un unique exemple, non pas d'héroïsme à proprement parler, mais, en tout cas, lui permit de « sauver deux vies humaines », ce qui n'était pas rien !

Une fois de plus la scène est surtout amusante. Deux vieux postiers avaient été soupçonnés de cacher chez eux la petite fugitive de Königsberg, leur sous-locataire, violée par les camarades des soldats russes qui la poursuivaient : on l'avait vue dans l'escalier avec un pistolet, mal dissimulé

21. p. 124.
22. p. 213.

dans une poche de son manteau. Et elle avait disparu. Marta fut appelée par un voisin pour traduire car, en fouillant l'appartement des postiers, les Russes avaient découvert une photo où la jeune fille apparaissait aux côtés d'un soldat SS (tous les Russes voyaient des SS en tous les Allemands), et en déduisirent qu'elle voulait se venger. Ils intimèrent donc à Marta l'ordre de confirmer ou d'infirmer l'identité de la jeune fille, tandis que le vieux couple, qui risquait d'être fusillé, jouait, chacun à sa façon, sa dernière carte. La postière se mit à insulter la malheureuse, une bonne à rien, qu'on leur avait imposée : si elle savait où elle se cachait, « elle le dirait tout de suite ». Le postier, plus circonspect, ne dit mot et se tourna face au mur.

C'est alors que Marta intervint, plus persuasive que jamais :

> « [...] je parle et je parle, explique aux Russes que la fille avec son revolver n'avait certainement pas l'intention de tuer les Russes, mais qu'elle voulait plutôt se donner la mort, comme je le lui avais entendu dire moi-même. »[23]

Qui ne le comprendrait ? Les Russes, eux aussi l'ont compris, du moins l'ont cru, et se sont retirés : « J'étais très fière de moi après cela, mais aussi anxieuse. Si je continue ainsi, je serai connue comme le loup blanc, et qu'est-ce que j'en retirerai ? », conclut-elle, toujours pragmatique. Après l'incident qui a frôlé le drame, le voisin, venu la chercher, lui demanda de traduire une expression qu'il avait entendue chez les Russes : « *Chitler dourak* » : « Hitler est un imbécile » « C'est ce qu'ils ne cessent de nous répéter, d'un air triomphant, comme si c'était eux qui l'avaient découvert. »

Et voilà comment Marta Hillers a sauvé deux vies humaines et bouclé l'incident.

23. p. 147-151

Puisque vient d'être évoquée sa présence active, enchaînons avec les liens qu'elle avait tissés pendant la tragédie — et antérieurement. Parmi d'autres, trois résidents de la cave ont survécu à la catastrophe : deux femmes étonnantes, Mlle Behn, la veuve et le docteur en chimie de la fabrique de limonades, mal servi par la nature (il était bossu), mais remarquablement intelligent — et Gisela, l'amie d'hier, d'aujourd'hui et de toujours.

Mlle Behn :

postière de son métier, la quarantaine, grande, énergique et autoritaire, plutôt belle femme, qualifiée de « jument dominante » et de « chef de meute », ne déplaisait pas à Marta Hillers : elle organisait la résistance, indiquait à chacun ce qu'il devait faire, exhortait hommes et femmes à la suivre — personne ne bronchait — et son aplomb doublé d'une conscience politique aiguisée lui avait forgé un caractère peu banal. Un jour par exemple elle surgit, un journal à la main et leur lut le discours que Goebbels avait prononcé à l'occasion de l'anniversaire du Führer :

> « Elle lisait sur un ton très particulier, en insistant sur certains mots et d'une voix qu'on ne lui connaissait pas, narquoise et mauvaise [...] *Les blés d'or dans les champs... des hommes qui vivent dans la paix...* »

« Tu parles », dit le Berlinois. »[24]

En outre, la sensibilité ne lui manquait pas, ce dont témoigne « une histoire touchante ».

Le 5 mai, « la jument décidée de notre cave d'alors était venue nous voir. »

Elle logeait chez Mme Lehmann, la mère du petit Lutz,

24. p. 31.

qu'elle aidait avec tendresse à s'occuper de ses deux enfants. On apprend qu'un soir, deux brutes d'Ivans, avaient réussi à pénétrer dans l'appartement, l'avaient poussée dans la pièce, prêts à se jeter sur elle, mais s'étaient arrêtés net devant le lit-cage où dormaient le petit Lutz et sa sœur, un bébé, et s'étaient éclipsés sur la pointe des pieds. Mlle Behn pria alors Marta de monter chez sa logeuse, car les deux Russes étaient revenus avec du chocolat pour « les petits » !

La scène à laquelle elle assista fut effectivement « touchante ». Marta traduisait : « Quelle jolie petite fille ! Une vraie beauté ! » disait le plus âgé, père de deux enfants qu'il n'avait pas revus depuis 1941. Le second est ce garçon de dix-sept ans engagé volontaire dans les troupes de combattants, exigea que Marta traduise ce qu'il avait vu des atrocités commises par les Allemands. Mlle Behn, toujours soucieuse de précision, voulut alors savoir si les Allemands en question avaient « l'oiseau ici » (au bras) ou « l'oiseau là » (sur le béret), autrement dit s'ils étaient de la Wehrmacht ou bien des SS.

> « Silence. Nous regardons fixement devant nous. Une ombre plane dans la pièce. Le bébé ne sait rien de tout cela. Il mordille l'index de l'étranger, il piaille, pousse ses petits cris. J'ai la gorge serrée. L'enfant m'apparaît soudain comme un prodige, [...] il est là en train de s'épanouir dans cette chambre dévastée, presque dépouillé de tout, au milieu d'adultes souillés par les événements. D'un seul coup, je comprends pourquoi le guerrier a la nostalgie du petit enfant. »[25]

On n'apprendra rien de plus sur « la lieutenante Behn », sinon que Marta ne l'a pas oubliée et qu'à sa manière, elle l'a sans doute aimée.

25. p. 312-315.

La veuve du pharmacien :

son portrait est beaucoup plus fouillé : belle femme elle aussi, grande, d'une cinquantaine d'années, sans enfant, elle fut une sorte de mère pour Marta, ce qui l'agaçait, mais la veuve la soignait, la gâtait et l'accompagnait dans ses déplacements. Quant à la narratrice, elle s'inquiétait également de cette amie encombrante surtout lorsqu'elle tardait à rentrer : elle se réjouissait alors de l'apercevoir avec son « chapeau rouge » !

Excellente cuisinière, ce que nous savons déjà, voilà qu'un jour elle reçut l'ordre de se rendre à l'Hôtel de Ville pour « du travail ». « Ce serait bien, dit-elle, si c'était pour aller couper des asperges » et elle leur dépeignait déjà « les mets les plus succulents composés des précieux légumes ». La journée passe ; la veuve revient à 21 heures, « vidée, lessivée, crevée » : « tu parles d'aller couper des asperges ! » Le travail qui lui avait été octroyé consistait à

> « emballer des affaires dans des caisses [des pièces de fer trop lourdes pour les caisses], à déballer les affaires, les changer de place, les remballer dans de nouvelles caisses, sous les bourrades et les coups. "Si l'organisation, c'est çà, quel chaos, quel foutoir !" »

Et la veuve de conclure :

« Je ne comprends pas comment ces types-là ont pu gagner la guerre. Ils ont encore moins de cervelle que nos petits écoliers allemands. »[26]

C'était également une bavarde impénitente, aussi connaissons-nous pratiquement tout de sa famille « vraiment drôle », telle qu'elle la décrivit à Marta, le 20 mai. Personne ne sait où commence cette famille, ni où elle finit :

26. p. 302.

> « le beau-papa a été marié trois fois, [...], il a survécu à deux de ses femmes. De ses différents mariages restent quantité d'enfants, et d'enfants des enfants, [...] des tantes qui sont plus jeunes que leurs nièces, des oncles qui sont dans la même classe que leurs neveux. »[27]

(On se croirait chez Ionesco !)

Enfin, femme très concrète, la veuve faisait preuve d'esprit pratique et, mieux encore, de bon sens, car raconte-t-elle, la dernière épouse, celle qui survécut au mari, avait ensuite « convolé en justes noces avec un Juif. » Celui-ci, qui mourut avant le début du IIIe Reich, « faisait tache dans l'histoire de la famille... » « À l'inverse, aujourd'hui, la veuve en parle avec plaisir et même fierté. »[28]

Réaction qui la rend attachante, derrière ses grands airs de bourgeoise attachée aux principes de son milieu, des principes qu'elle fut capable d'envoyer au diable par affection pour Marta dont elle se préoccupa plus encore que d'elle-même. Marta Hillers l'aimait-elle d'amitié ? Il semble que oui, au fur et à mesure que, passant du *vous* au *tu*, elle se comporta familièrement avec elle. Et, parce qu'elle était « solide et n'avait peur de rien », elle lui fut, à n'en pas douter, une vraie « tutrice en résilience », dirait Boris Cyrulnik, une tutrice qu'elle accepta comme telle !

Le docteur en chimie de la fabrique de limonades :

il ne tient pas de place importante dans le Journal de Marta Hillers, sauf une fois lors d'une longue conversation tenue le 8 mai dans la cave, pendant laquelle il lui révéla qu'il avait adhéré au parti communiste jusqu'en 1933 et avait parcouru l'URSS avec un groupe de voyages organisés par une agence de l'État : il parlait donc un peu le russe.

Pourquoi, lui demanda Marta, ne s'est-il pas fait connaître des Russes « comme un sympathisant ? » — Il voulait « laisser

27. p. 302.
28. p. 302.

passer la fureur du début.» (Elle le soupçonne d'avoir craint que son handicap ne le fasse traiter comme «un sous-homme, une créature méprisable.»[29]) Mais il a le regard brillant et intelligent et s'exprime avec aisance, d'autant qu'elle l'écoute avec attention. — Et maintenant, est-il déçu de ses camarades ?

Sa réponse est impressionnante dans ce qu'elle révèle de fidélité au communisme envers et contre tous les démentis de l'Histoire. Il faut se dégager, dit-il, «de toute optique personnelle et étriquée». Indépendamment des dérapages et des excès (dus au déchaînement des pulsions et des instincts),

> «il faut admettre que les Russes avaient le droit de se venger. Il est donc temps de se remettre en question. Notre vieil Occident est le monde d'hier, aujourd'hui, il engendre un monde nouveau, celui de demain, et cela se fait dans la douleur».

Il rapproche alors les pays slaves et leurs forces jeunes «qui s'avancent dans la lumière de l'histoire mondiale» et les pays d'Europe «qui feront sauter leurs frontières et accroîtront leur espace.»

On frémit un peu devant ce discours faisant miroiter des lendemains qui chanteront, quand on se souvient de l'échec du communisme partout dans le monde. Et Marta Hillers, qu'en a-t-elle pensé ? Si l'on se souvient de ses conversations avec le sympathique Russe, Andreï, marxiste orthodoxe, qu'elle ne pouvait suivre dans ses brillantes démonstrations, on a déjà la réponse... Elle imaginait mal en effet l'Allemagne intégrée à l'Union Soviétique comme une République socialiste. Quant à la liberté et au bonheur promis, ce qu'elle savait du Goulag lui en faisait présager plutôt le contraire.

La RDA dura de 1949 à 1990 avec la brutalité que l'on sait, et Marta Hillers a pu s'en rendre compte elle-même, à supposer qu'elle vécût toujours à Berlin après 1945. Si

29. p. 230-233

oui — mais je n'en suis pas sûre, personne n'ayant jamais pu me le dire — elle fut témoin des prémices de la future RDA qui exercera le contrôle de la population par son bras fort, le ministère de Sécurité d'État, la Stasi, calqué sur le NKVD soviétique, mais réorganisé par certains anciens membres de la Gestapo. Cette sinistre police fut chargée de traquer les opinions non conformes au régime, d'espionner les suspects, de les arrêter, de les interroger, de les éliminer, de démembrer leurs éventuels réseaux, comme aux plus beaux jours du nazisme. De là, une série de protestations, grèves et émeutes en 1953, car au fur et à mesure que le régime se durcissait et exigeait un rendement extraordinaire des industries lourdes et de tous les secteurs de l'économie, les ouvriers, commerçants, étudiants, artistes, entre autres, quittaient l'Est quand ils le pouvaient pour rejoindre l'Ouest. On dit que, durant les années cinquante, trois millions de personnes s'exilèrent.[30]

C'est précisément à ce moment que Marta Hillers partit à Bâle (où elle mourra) avec son mari, car elle s'était mariée, ai-je lu.[31] Je ne sais si ce départ en Suisse fut dicté par une réelle menace, mais peut-être était-elle, pour le moins, suspecte. En effet, comment les fidèles de la Stasi auraient-ils pu ignorer ce qui venait de se passer à Berlin cinq ans plus tôt quand arrivèrent les Russes, leurs camarades et, en fonction de leur génie à réinterpréter tous les événements du monde, ne pas se méfier de cette Allemande ? Car il suffisait d'être journaliste ou écrivain pour être poursuivi par la police.

On se souvient à ce propos du très beau film *La Vie des autres* de Florian Henckel von Donnezrsmark, réalisé en 2006, qui montre les dérives du système communiste, les atteintes aux droits de l'Homme et une intelligentsia souvent compromise avec le régime, ou s'y adaptant — à quelques exceptions près. C'est ainsi que le capitaine de la Stasi, Gerd

30. *Cf.*, sur Wikipédia, l'article RDA.

31. Je l'ai lu deux fois sur Internet, mais personne n'a jamais pu me dire avec qui elle s'était mariée…

Wiesler, protégea l'écrivain Georg Dreyman qui venait d'écrire un article sur le taux de suicides anormalement élevé… Il sera alors rétrogradé au service du contrôle du courrier.

La dernière scène du film est inoubliable : Wiesler, beaucoup plus tard après le chute du mur de Berlin, voit par hasard une affiche publicitaire de Dreyman. Il entre dans une librairie pour acheter son livre *La Sonate de l'homme bon*, et constate avec émotion que le livre lui est dédicacé. Faut-il faire un paquet-cadeau, demande le libraire. « Non, c'est pour moi. »

Je ne sais si beaucoup de gens auraient été capables de « protéger » Marta Hillers et elle le savait sûrement, c'est pourquoi elle a voulu rester anonyme, vie durant, comme une criminelle obligée de se cacher, et « criminelle » non seulement aux yeux de certains Allemands qui n'apprécièrent pas qu'elle ait osé parler des crimes nazis et de la « dégradation » de leur pays, mais aux yeux des Russes qui ne lui pardonnèrent pas non plus d'avoir osé dénoncer leurs crimes et d'avoir tissé des relations d'amitié, honteuses et suspectes, avec trois d'entre eux, sans parler du reste. (Quel reste ?)

Mais Marta eut au moins une amie qui fut pour elle une chance plus grande encore que toutes les autres.

Gisela :

cinq fois, elle apparaît dans le Journal. Les deux femmes avaient le même âge, s'étaient connues quand elles travaillaient — avant la catastrophe — dans des maisons d'édition et avaient été licenciées lorsque ces maisons durent fermer leurs portes.

Dès le coup de téléphone « fabuleux » du 23 avril, le ton est donné : pudeur et sensibilité. On apprend que Gisela, qui vivait à Berlin-ouest, ne cesse de penser à son père, mort à Verdun, qu'elle lui parle et est sûre de le rejoindre bientôt.

« Jamais nous n'avions abordé de tels sujets auparavant, nous aurions eu honte de mettre ainsi notre cœur à nu. Mais maintenant, ce qu'il y a de plus profond en nous refait surface. »[32] On ne sait pas ce que Marta a dit.

Suivent quatre rencontres — après la catastrophe — dans Berlin dévasté, où l'on découvre quelques facettes de Gisela, qui ne laissèrent pas de surprendre son amie.

D'abord, le 10 mai, « [Marta tremblait] d'émotion ». Gisela n'était pas seule : elle avait recueilli deux jeunes étudiantes qui avaient fui Breslau après avoir été horriblement violées : l'une souffrait d'une inflammation des ovaires, l'autre était enceinte. Silence oppressant. Marta ressentait la souffrance des deux jeunes filles, une souffrance qu'elle ne connaissait que trop. Puis, l'entraînant à l'écart, Gisela lui raconta comment elle avait échappé aux Ivans, grâce à « un truc » (que Marta regretta de ne pas avoir connu plus tôt) : avant de devenir rédactrice, Gisela voulait être actrice et elle avait suivi quelques cours de maquillage, si bien que, dans la cave où elle se cachait, elle « s'était dessiné sur le visage un magnifique faciès de vieille femme et avait dissimulé ses cheveux sous un foulard. » Quand les Russes arrivèrent et aperçurent les deux jeunes étudiantes, « ils [la] poussèrent avec ses rides au charbon sur la couche : « Toi *babouchka*, dorrrmir. »[33] Marta avoue avoir eu envie de rire, mais elle s'était efforcée aussitôt de réprimer cette « gaieté soudaine », tellement déplacée.

Je ne décris pas les rencontres du 1er et du 10 juin, moins fabuleuses, et me reporte à celle du 12 juin qui renvoie, d'une certaine manière, aux précédentes.

Les deux protégées de Gisela étaient malades, l'une était d'une pâleur inquiétante, l'autre avait fait une fausse couche, et toutes les trois étaient affamées. Marta leur avait apporté des bonbons : « C'était beau à voir, ces visages qui se décrispaient, se détendaient en savourant la pâte contenue dans

32. p. 51.
33. p. 252-253.

les friandises. » Puis, elle a parlé avec Gisela de ses projets éditoriaux auxquels celle-ci pourrait collaborer, mais elle était sceptique, persuadée que « seuls des journaux du style de ceux de Moscou [seraient] autorisés à voir le jour, un style qui n'est pas le sien. » Et Marta de commenter :

> « Elle a trop de pudeur pour oser prononcer le nom de Dieu devant moi ; et pourtant, tout ce qu'elle dit tourne autour de ça. Je suis persuadée qu'elle puise sa force dans la prière. Elle n'a pas plus à manger que moi. Elle a de grands cernes autour des yeux. Mais ces yeux-là brillent, tandis que mon regard est vide. [...] Cependant, la simple présence autour de moi d'autres créatures affamées m'aide à rester debout. »[34]

Comment ne pas voir qu'il suffit de si peu pour réconforter trois personnes et de la sombre lumière des yeux de son amie pour aider une Marta Hillers à tenir debout ?

Qu'elle ait aimé Gisela, on ne peut en douter. Elle l'aimait non seulement pour sa générosité et son dévouement, mais pour sa lucidité et sa force intérieure. Bien qu'elle broie du noir et voie « le monde occidental imprégné d'art et de culture, qui lui est si cher, sombrer à l'horizon, [...] elle se sent psychiquement trop faible pour repartir à zéro. » Mais jamais elle ne se suiciderait. « Elle est bien décidée à tenir bon, même sans courage et sans joie de vivre. » Marta ajoute que son amie lui avait confié qu'elle espérait « trouver en elle la dimension « divine », se réconcilier avec tout ce qu'il y avait au fond d'elle-même, y découvrir une source de rédemption. »[35]

Et Marta Hillers, qu'espérait-elle ? On ne sait trop.

Elle se revoit deux ans plus tôt tapie dans « la plus misérable

34. p. 371-372.
35. p. 261.

de toutes les misérables caves, un vrai tombeau, sous une maison de village [...], un patelin de trois mille habitants [...], situé sur la route qui mène à la Ruhr. » Les femmes

> « récitaient le chapelet et égrenaient ses mystères douloureux [...] c'est alors que j'ai touché du doigt l'effet que peut avoir une prière : car elle se répand comme une nappe d'huile sur les cœurs meurtris, elle fait du bien, elle aide. »

Et elle commente, le 25 avril deux jours avant l'arrivée des Ivans alors qu'elle était dans la cave que nous connaissons :

> « Une chose est sûre : c'est un véritable bonheur et une grâce certaine que de pouvoir prier sans complication et sans honte, sous la pression de la torture exercée par la détresse et l'angoisse. Moi, je n'en suis pas capable... pas encore, quelque chose en moi s'y oppose toujours. Ici [...] il y a peu de chances de tomber sur une communauté de personnes récitant le *Pater* en chœur. Mais sans doute des prières y sont-elles chuchotées, peut-être plus souvent qu'on ne croit. »[36]

Alors, cette Marta Hillers, une femme compliquée qui n'était ni ceci ni cela, ni croyante ni incroyante ? Elle n'était pas compliquée du tout : simplement, et comme beaucoup, elle était les deux à la fois : capable d'obéir à sa grand-mère exigeant qu'elle assiste aux vêpres, et y assistant bon gré mal gré, de comprendre les bienfaits de la récitation du chapelet, sans se moquer, et de s'émouvoir devant les croix d'un cimetière où elle se promenait. Ce jour-là, en effet, le 2 mai, elle s'était arrêtée devant la tombe d'une femme : celle-ci s'était

36. p. 62-63.

jetée par la fenêtre pour échapper aux Ivans qui la poursuivaient, et le 9 mai, elle écrira :

> « J'ai senti ma gorge se serrer. Comment se fait-il que la forme d'une croix nous remue à ce point ? Même si nous n'avons plus le droit de nous dire chrétiens ? D'anciennes impressions d'enfants ont refait surface. Je revoyais et entendais Melle Dreyer, quand elle nous dépeignait dans le détail la passion du Sauveur, à nous qui avions sept ans… Pour nous, Occidentaux élevés dans le christianisme, il y a toujours un Dieu sur une croix — même bricolée avec deux panneaux de porte et du fil de fer. »[37]

Et une femme émouvante surtout, qui raconte qu'elle entra un jour dans une église pour voir de ses yeux si « la manne céleste » était un réel réconfort pour les fidèles, et en ressortit aussitôt, amère :

> « Nous qui n'appartenons à aucune église, nous souffrons dans la solitude de nos ténèbres. L'avenir s'étale devant nous comme une chape de plomb. Je résiste, tente de maintenir la petite flamme en moi. Pourquoi ? À quoi bon ? Quel est le but de mon existence ? Je me sens désespérément seule avec mon fardeau. »[38]

« *Homo homini lupus*, écrivait-elle, voilà qui demeure vrai, en tout lieu et en tout temps. »[39] Pourtant, Marta savait que cette généralisation devenue proverbiale n'était pas vraie, et que nous nous la servons comme excuse, comme si nous étions impuissants devant le mal et incapables de lutter

37. p. 240-241.
38. p. 338.
39. p. 292.

contre lui. Or, de sa propre responsabilité, Marta Hillers resta toujours consciente, ce qui paradoxalement la protégea du désespoir, car elle savait qu'il est toujours possible de faire quelque chose pour soi et pour autrui. La responsabilité devant sa conscience, elle la vécut intensément, comme une exigence, à la source de son humanité.

Elle écrivait en ce sens très clairement, le 18 mai, après qu'on lui eut demandé de servir d'interprète à des soldats russes qui interrogeaient une toute jeune fille ancien membre des Jeunesses hitlériennes — qu'elle décida de « contrer » :

> « Il ne manquerait plus que ça, que les mineurs soient punis pour des choses auxquelles ils ont participé avec la bénédiction des parents, des professeurs et du Führer. Si nos ancêtres [...] ont brûlé vifs des enfants sorciers, c'est uniquement parce qu'ils les prenaient pour les suppôts et les porte-paroles de diables très adultes. Difficile de repérer le seuil à partir duquel commence la responsabilité, au sens occidental du terme. »[40]

Comment ne pas admirer l'intelligence, littéralement inspirée, de Marta Hillers, au moment où quasiment tous les Allemands voulaient ignorer l'embrigadement auquel le Führer soumit les jeunes ? Rappelons que les « Jeunesses hitlériennes » (à la fin de la guerre la Volkssturm en fit partie) était une organisation paramilitaire du Parti nazi en place entre 1926 et 1945, où se formaient de futurs surhommes « aryens » et des soldats prêts à servir jusqu'à la mort le Troisième Reich, dont l'apprentissage dans des centres ouverts à cette intention (en 1942 on en comptait 30 pour les garçons et 3 pour les filles, âgés de quatorze à dix-huit ans), atteignait parfois à la cruauté lors de bizutages effrayants. Pendant ce temps, tous les parents, ou peu s'en faut, et nombre de pro-

40. p. 296.

fesseurs, s'enorgueillissaient d'avoir laissé à Hitler le soin de former — de déformer pour être exact — leurs enfants selon les principes de *Mein Kampf*, dont je cite un fragment :

> « L'Aryen est le Prométhée du genre humain ; l'étincelle divine du génie a de tout temps jailli de son front lumineux ; [...] Tant qu'il maintint rigoureusement sa situation morale de maître, il resta non seulement le maître, mais aussi le conservateur de la civilisation qu'il continua à développer. »[41]

Marta Hillers avait lu *Mein Kampf*, mais elle y vit ce qu'elle ne cessera de dénoncer : la folie d'une idéologie meurtrière, la folie criminelle de l'exploitation d'enfants (parfois, à la fin de la guerre, qui n'avaient même pas quinze ans) et la folie de ses compatriotes aveugles et sourds. Et cela, sans aucun doute, explique la haine qu'elle dut supporter de certains d'entre eux.

Reste l'insondable profondeur du mal face auquel chacun se voit obligé de choisir, et peut choisir.

Marta Hillers a choisi cent fois la vérité plutôt que le mensonge, le courage plutôt que la lâcheté, la vie plutôt que la mort.

Elle a choisi d'instinct et, parce qu'elle s'est voulue témoin des crimes qu'elle avait vu de ses yeux commettre par les Russes et par les Allemands, elle a accepté de ne pas être crue. Ce qui la rend encore plus émouvante en tant qu'Allemande et femme, elle qui, de surcroît, ne resta pas aussi seule qu'elle l'affirmait lorsqu'elle se croyait condamnée à vivre dans « des déserts de glace »...

Trop libre pour s'enfermer dans quoi que ce soit, elle a toujours revendiqué son autonomie, en allant jusqu'à penser (à la fin de son récit, il est vrai) que « tout [dépendait] d'elle. »[42]

41. *Nouvelles Éditions latines*, Paris, s.d., p. 289-295.
42. p. 357.

« Tout », évidemment non, mais beaucoup de choses, par exemple de recommencer à travailler pour gagner sa vie, ce qu'elle a fait et nous en parlerons plus loin, d'inscrire dans sa mémoire tout ce qu'elle avait vécu pour que nous le sachions, de « se blinder » contre la violence et de refuser de « se flinguer », d'éprouver de la compassion pour les autres femmes violées, de voir clair en elle, de tenir bon, comme Gisela, de marcher, de bouger, de parler, et surtout de rédiger son Journal, immense planche de salut, ainsi qu'elle l'écrivait : « Le seul fait d'écrire [...] me demande déjà un effort, mais c'est une consolation dans ma solitude, une sorte de conversation, d'occasion de déverser tout ce que j'ai sur le cœur. »[43]

Belle définition de cette consolation-conversation-réceptacle de la douleur qui, en lui permettant d'échapper au désespoir, lui rendit l'espoir de recouvrer cette liberté, qu'elle a cherchée partout, de toutes ses forces.

C'est bien d'avoir pu écrire qui l'a sauvée du désespoir. C'est grâce à l'écriture qu'elle a réappris à vivre puisque, pour vivre, il faut faire quelque chose qui donne sens à la vie. Or, chercher soi-même le sens de sa vie — un sens apparemment perdu — revient à refuser toute espèce de fatalisme. Ce n'est parce qu'une catastrophe s'est produite en Allemagne qu'elle se reproduira, fatalement, ailleurs.

Marta Hillers, de toute façon, n'était pas fataliste. Forte de son désir vital de survie et de liberté, elle a supporté « le sort » de son pays et le sien, non pas comme un phénomène naturel contre lequel on ne peut rien, mais comme « un destin », écrivait-elle, non naturel à affronter, sans « [se bourrer] la tête de questions qui restent sans réponses ».[44] Il faut seulement lutter contre l'angoisse de la mort :

« Ce sont toujours les mêmes symptômes.

43. p. 373.
44. p. 18.

> D'abord, la sueur qui perle au front, à la racine des cheveux, les lancements dans la moelle épinière [...], les tiraillements dans la nuque et les battements syncopés du cœur. [...] Pouvoir prier en cet instant. Le cerveau s'agrippe à des formules, à des lambeaux de phrases [...]. Jusqu'à ce que la vague se retire. »[45]

Dans cette lutte, la rage à l'égard d'Hitler et la fierté d'avoir réussi à dompter quelques loups, ont joué un rôle essentiel dans la résistance de Marta Hiller, et bien qu'elle se sentît un peu responsable de s'être « jetée dans la gueule du loup », elle ne le fut en rien du fardeau qui pesa sur elle, pendant et après, la catastrophe : pour survivre, elle a vraiment fait tout ce qu'elle pouvait.

À ce propos, la réflexion de Sartre, que je cite de mémoire, lui aurait sûrement plu : « Nous ne sommes pas responsables de ce qu'on a fait de nous, mais nous sommes responsables de ce que nous en faisons. » Boris Cyrulnik dans ses livres et cours de ses multiples interventions, ne dit pas autre chose.

Rappelons aussi que Jean-Paul Sartre commença à écrire pour se prouver qu'il en était capable et qu'ainsi, il a oublié non seulement sa « laideur », mais il l'a utilisée comme un défi dans le milieu bien-pensant qui était le sien, pour attester qu'il l'emportait sur la médiocrité de ce milieu.

Et ajoutons que Marta Hillers aurait également apprécié les commentaires de l'auteur des *Mots*[46], où il dit quel plaisir il éprouvait à écrire, à réécrire, à chercher le mot le plus juste pour dire le mieux possible ce qu'il voulait dire.

C'est pourquoi je ne craindrai pas de répéter que Marta Hillers, elle aussi, a voulu bien écrire, pour se comprendre elle-même et être comprise, car c'est un vrai bonheur que d'écrire.

Elle sut user de cet art du portrait et de la description

45. p. 31.
46. Gallimard, 1964.

qui ferait presque penser à Balzac, ce maître en la matière, décrivant la pension Vauquer où vivotent dix-huit hommes et femmes, semblables pour beaucoup au petit monde médiocre de la cave formant un microcosme de la société, comme on le dit d'un camp de concentration, au carrefour duquel plusieurs destins se sont croisés dans le même espace mortifère et le même temps gelé. Rares dans la cave ceux qui résistèrent longtemps, parmi ceux-ci Marta Hillers qui en est sortie mûrie et grandie. Comment a-t-elle fait ? Sûrement grâce à ses ressorts psychologiques et intellectuels ; ils lui ont permis de « rebondir », ainsi que se définit d'un mot la « résilience ».

Je n'en développerai pas tous les aspects bien connus aujourd'hui grâce aux livres de Boris Cyrulnik et de Gustave-Nicolas Fischer, auxquels j'ajouterai un article de Michel Manciaux.[47] Tous ces textes développent l'idée que l'on peut « se sortir » des pires situations pour peu que l'on ait près de soi des « tuteurs » (personnes ou « abstractions ») : parents, amis, quelques convictions, la capacité à s'exprimer, à s'abstraire ne serait-ce qu'un instant de la tragédie où l'on se trouve précipité, en raccourci, la capacité à ne pas se laisser écrasé par l'obstacle, fût-il insurmontable. Et nous savons combien Boris Cyrulnik est devenu célèbre avec son oxymore (figure de rhétorique qui consiste à associer deux termes antinomiques) *Un merveilleux malheur*[48], qu'il explicite : « Un malheur n'est jamais merveilleux. C'est une fange glacée, une boue noire, une escarre de douleur qui nous oblige à faire un choix : nous y soumettre ou le surmonter. » Pour le surmonter, nous disposons de moyens puisés en nous-mêmes et dans les autres. Sans oublier la chance, car la résilience n'est pas automatique.

Mais nous l'avons lu ou entendu cent fois : ce qui atteste que les situations, même les plus fracassantes, sont susceptibles

47. Revue Études, octobre 2003, « La résilience ».
48. Titre de son livre publié chez Odile Jacob en 2002.

sinon toujours, quelquefois, de ne pas peser sur nos vies comme un fardeau insupportable.

Je n'ai donc retenu que trois types de résilience, l'humour, l'estime de soi et l'activité de l'esprit, en les référant à Marta Hillers.

En ce qui concerne l'humour, Marta Hillers ne faisait pas dans la dentelle. Spontané chez elle, cet humour de cabaret s'est développé au cours de son existence de journaliste, puisqu'elle vécut des années en compagnie d'hommes dont le vocabulaire de corps de garde et les blagues étaient un moyen de se détendre, en riant, entre copains.

Marta Hillers, elle, se retrouva seule pendant la guerre, dans un milieu hostile. C'est pourquoi elle a usé de son humour, plus exactement de son ironie, pour lutter contre l'angoisse. De là, la gamme de l'ironie qui était la sienne : du sourire amusé, à l'humour noir et au sarcasme. Non qu'elle fût de nature dépressive, mais parce que cette riposte à l'horreur était la seule qui lui restât, aussi en a-t-elle joué surabondamment, excessivement même. Pourquoi excessivement ? Pour quelques raisons simples.

En effet, autant on la suit quand elle tourne en dérision « Adolf » et « le petit père des peuples », ou quand elle brosse un tableau pittoresque des résidents de la cave, ou même quand elle grossit les traits des portraits de ses personnages jusqu'au baroque, et là elle n'est pas sans faire penser à Flaubert décrivant le fameux repas qui couronne d'ironie le mariage de madame Bovary, ou encore lorsqu'elle joue une superbe comédie à l'Ouzbek du major :

> « Il avance vers moi, me regarde de son petit œil bouffi, [...] sort de la poche de son manteau une paire de bas de soie [...] et dit [...] « Tu veux ? Je te les donne. Tu comprends ? — Bien sûr que je comprends, mon gros chou ! »

Et elle lui claque la porte au nez. L'Ouzbek s'en alla, « les yeux pleins de reproches. »

Et Marta conclut : « Un à zéro pour « l'astuce féminine. »[49]

Autant on ne la suit plus lorsque le sarcasme l'emporte sur l'ironie, par exemple quand elle décrit les trois sœurs dans la cave, « blotties l'une conte l'autre [et qui] ressemblent à un gros pudding noir », ou le vieux Schmidt, « grossiste en rideaux sans rideaux et radoteur infatigable », ou « Bossu et recroquevillé comme un nabot », le docteur en chimie de la fabrique de limonades (auquel plus tard elle manifestera de la sympathie), et d'autres exemples difficilement supportables.

Marta Hillers, même en ayant changé les noms de ses personnages, a pris inutilement le risque de les blesser car il n'est pas impossible, même si c'est peu probable, que l'un ou l'autre ne se soit reconnu en 1959 quand son Journal circula sous le manteau, et surtout plus tard. Ne serait-ce pas là encore l'un des motifs du ressentiment de certains Allemands, descendants de tel homme ou de telle femme ?

Voudrait-on l'excuser ? Ce serait, à l'extrême limite, en disant que chez elle l'humour était inhérent à son humeur... (l'étymologie l'atteste d'ailleurs puisqu'en latin *humor* signifie « humeur ») et que, comme son humeur la portait au désespoir, elle compensait ce désespoir par des coups de griffes, à tel point que nous pourrions parler de la mélancolie (l'humeur noire) d'une femme apparemment équilibrée, peu encline à la dépression. En écrivant le mot « mélancolie », je pensais à la gravure sur cuivre d'Albrecht Dürer, *Melencolia I*, réalisée en 1514 alors que la peste — qui tuera la moitié de la population européenne — faisait rage avec son cortège d'horreurs : épidémies, contagion, fuite et abandon des enfants par leurs parents et réciproquement, terreur, lâcheté ou dévouements extraordinaires, désignation des responsables, les Juifs, les femmes, les étrangers, comme toujours, cataclysme interprété par les clercs comme un châtiment

49. p. 188.

de Dieu et que Luther orchestrera pour démontrer que le péché vouait à l'enfer tous ceux qui ne se convertissent pas à temps...[50] Luther, (Marta Hillers n'en avait probablement jamais lu la moindre ligne, bien que, dans son Journal, le thème de l'expiation soit récurrent) dont les thèses s'illustreront chez les prédicateurs protestants et catholiques prêchant dans leurs exhortations, d'une noirceur désespérante, qu'il fallait expier pour échapper à un Dieu vengeur, supposé, de surcroît, rempli de colère contre les Juifs qui, non seulement avaient refusé de croire son Fils, mais l'avaient crucifié.

Les Allemands, chrétiens ou non, étaient imprégnés de luthérianisme, comme le sont les peuples latins de catholicisme. Et il est certain que « la peste brune » suscita chez eux la même terreur que jadis la peste qui décima l'Europe, le même éclatement de toutes les valeurs, le même réflexe de fuite, de dissimulation, de mise au pilori des mêmes responsables, les Juifs, tout particulièrement, et le même désir de vengeance, avec la bénédiction de Dieu, cette fois. De plus, formés à l'école hitlérienne, ne se voulaient-ils pas le vrai « peuple de Dieu », en étayant cette conviction sur la puissance et la grandeur de l'Allemagne : réputation de ses chercheurs et savants, de ses peintres et architectes, de ses philosophes et poètes ?

C'est dans ce contexte culturel que vécut Marta Hillers. Elle souffrit de la déchéance de son pays, emporté dans une guerre totale et une haine antisémite meurtrière, qui lui faisaient horreur. Et en même temps elle espérait — bien qu'elle en doutât — que l'Allemagne pourrait renaître de ses cendres. Dans cette ligne, comment ne pas rappeler ce qu'elle écrivait le 15 mai, avec une ironie glacée, du « crépuscule des dieux », elle, qui aimait Wagner ?

> « Ces temps-ci, une fureur iconoclaste sévit dans toute l'Allemagne. Est-ce qu'après un

50. Jean Delumeau, *La peur en Occident* XIV-XVIIIe siècles, Fayard, 1978.

> tel crépuscule des dieux on verra renaître la grandeur nazie ? Dès que j'aurai les idées plus claires, il faudra absolument que je me penche sur le cas Napoléon, qui fut également banni et répudié en son temps, pour être ensuite sorti des oubliettes et remis sur un piédestal. »[51]

Ironie glacée, pénétrée de mélancolie, un peu à l'image de la tristesse du musicien et poète génial, inventeur du *Ring*, telle que la décrivait Proust dans *La Prisonnière*[52]: « Chez Wagner, quelle que soit la tristesse du poète, elle est consolée, surpassée par l'allégresse du fabricateur », « l'ouvrier », reprend-il à la page suivante, c'est-à-dire celui qui œuvre et qui ainsi arrache à la mort la vie et le temps perdus — par le miracle de la mémoire.

Marta Hillers, à sa modeste place, eut, elle aussi, le pouvoir de faire coexister dans son âme la tristesse et la joie, non seulement grâce à son tempérament, mais parce que chez elle la joie de vivre fut toujours plus grande que le désespoir. Elle l'écrivait du reste le 9 mai, immédiatement après la capitulation allemande, alors que les Russes fêtaient leur victoire : « Qu'ils fassent la fête, cela ne nous concerne pas. Nous avons capitulé. Ce qui ne m'empêche pas de ressentir une certaine joie de vivre. »[53]

Et le 13 mai :

> « [...] pourtant, l'obscure et surprenante aventure de la vie ne cesse de me stimuler. Si je continue d'y participer, c'est sans doute par curiosité ; et parce que cela me fait plaisir de sentir que mes membres sont sains. »[54]

51. p. 243.
52. À la recherche du temps perdu, éditions La Pléiade III, p. 16.
53. p. 247.
54. p. 267-268.

Tout est simple et tonique chez Marta Hillers ! Heureux tempérament, en amont d'une mélancolie de circonstance. Et ressort de résilience combien précieux que l'humour-ironie dont elle usa surabondamment, d'autant qu'elle qui eut la chance de pouvoir garder, par-delà toutes les humiliations qu'elle subit, l'estime d'elle-même.

L'estime de soi

Paul Ricœur dans *Soi-même comme un autre*[55],pose trois questions que nous nous poserons à propos de Marta Hillers : l'estime de *soi* est-elle l'estime de *moi* ? À quel titre « le soi » peut-il être déclaré digne d'estime ? La médiation de l'autre, n'est-elle pas requise sur le trajet du « je peux » au « je veux », c'est-à-dire, au plan éthique, du « pouvoir-faire » au « pouvoir-juger » ?

L'estime d'elle-même n'était pas chez Marta Hillers sotte prétention ou vanité. La fierté qu'elle éprouva quelquefois traduisait surtout sa satisfaction, combien légitime, d'être utile, de rendre service ou de river son clou à tel ou tel Ivan. Je ne l'ai jamais vue s'extasiant sur son courage ni sur son intelligence (son « moi »...) Sa modestie, difficilement contestable, était celle d'une femme simple et directe, même si parfois un certain orgueil l'aida — et heureusement — à tenir debout et à se regarder sans honte dans la glace.

Quant aux raisons qu'elle pouvait avoir de ne pas se mépriser, elles ne tiennent pas au fait que ce sont ses actions et interventions qui furent remarquables, encore que... mais, comme y insiste Ricœur pour tout être humain, au titre de ses capacités : « Je suis cet être qui peut évaluer ses actions et, en estimant bons les buts de certaines d'entre elles, est capable de s'évaluer lui-même, de s'estimer bon. » Là encore, il est sûr que Marta n'a jamais eu le temps ni la possibilité d'« évaluer » quoi que ce soit de son comportement, mais

55. Le Seuil, 1991, p. 212 sq.

le regard qu'elle porta sur les Russes et ses compatriotes, tout acerbe qu'il fût, n'en était pas moins réfléchi, peut-être pas suffisamment ? Du moins l'a-t-il préservée de l'erreur de jugement.

Toutefois, étant donné qu'elle s'est trouvée seule devant des hommes le plus souvent ivres qui se jetaient sur elle, ou aux côtés de gens incapables de l'aider parce qu'eux-mêmes étaient plongés dans un abîme de détresse, on conçoit qu'elle ait « jugé » les uns et les autres sans aménité et pourtant, au total, avec la compréhension dont elle disposait et même avec compassion. Ainsi pouvons-nous croire que Marta Hillers, à son insu, a obéi à l'injonction évangélique d'aimer son prochain comme soi-même, ce qui veut dire qu'on ne peut pas aimer (estimer) l'autre, sans s'aimer (s'estimer) soi-même. Et c'est ce comportement qui lui vaut l'estime de ses lecteurs, parmi lesquels ceux qui sont les moins esclaves de préjugés, stéréotypes et autres lieux communs. Par exemple, ce n'est pas parce que Marta Hillers était Allemande, que c'était une femme « facile et libérée » ; ce n'est pas parce qu'elle était femme, que c'était « une putain » ; ce n'est pas parce qu'elle était « blonde », qu'elle était froide ! Qui alignerait, sans rire, pareilles sottises ? Et quel lecteur méconnaîtrait, sans mourir de honte, que l'activité de l'esprit a été toujours chez Marta Hillers un signe de victoire sur le mal et le désespoir ?

L'activité de l'esprit

Disons tout de suite : l'activité de l'esprit, si importante qu'elle fût chez Marta Hillers, n'était qu'un aspect de son activité générale, elle, qui ne cessa de chercher quelque chose à faire. Ainsi dut-elle gagner sa vie lorsque ce fut possible à Berlin et donc trouver un emploi. À cet égard, les dernières journées du récit ne sont pas les plus tristes !

La voici par exemple, vêtue d'un pantalon sport avec, par-dessus un tablier de cuisine, en train d'attendre devant le site d'une fabrique de machines-outils, qu'on veuille bien indiquer à toutes les femmes présentes quel travail leur était commandé. On le leur hurle bientôt : « ramasser tout ce qui était en laiton ou autre "métal clair", mettre tous les objets dans des caisses et les transporter jusqu'à un wagon. »[56] « Quel chaos, quel foutoir », aurait dit la veuve ! Et Marta de préciser que leur « garde-chiourme, un sous-officier bigleux bâti comme une armoire à glace, était incapable de remuer [les caisses] ». Les jours suivants, nouvelle indication de travail : faire la lessive, ce qui ne lui déplaisait pas car elle pouvait bavarder avec ses colavandières et, surtout, dévorer les plats qui leur étaient servis : « une soupe d'orge mondé bien chaude » sur laquelle flottaient quelques morceaux de viande. Marta rentrait alors tout heureuse sur son vélo ou à pied avec 56 marks en poche… Et sa joie déborda, le 10 juin, quand elle retrouva une certaine Ilse R., qui lui fit part d'un projet : son mari connaissait un Hongrois qui « avec un paquet de dollars » voulait ouvrir une maison d'édition dans laquelle il publierait des revues, des journaux et des livres. Marta apprit qu'ils pourraient l'associer au projet parce que, précise-t-elle, « j'ai de l'expérience dans l'édition et que je sais faire des mises en page », et elle accepta. Après diverses aventures qu'il est inutile de rapporter ici, elle obtint un rendez-vous pour faire ses preuves.[57] S'ensuivit une petite conversation « pointue ».

> « Tout en parlant, j'ai laissé échapper que dans la cave de mon ancien employeur se trouvait encore une caisse pleine de cadres, avec des photos de titulaires de la croix de chevalier que l'on avait prévu de distribuer comme prix à l'une ou l'autre occasion, mais qu'il était désormais impensable d'expédier. Il a demandé, avec une remarquable présence d'esprit : "Des

56. p. 320.
57. p. 354.

> cadres ? Avec du verre ? — Oui, de vrais cadres avec du vrai verre. " »

Et Marta de tirer la leçon de cette rencontre pittoresque : « Pour ma part, il peut risquer l'effraction. Je pourrai même faire le guet. Mais je ne le « sens » pas… À mon avis, tout ce fatras a disparu depuis longtemps. »[58] Néanmoins, elle a été bel et bien retenue comme collaboratrice, exactement, si j'ai bien compris, comme pigiste, ce qui veut dire qu'elle était rémunérée à la page… Et avec quelle remarquable présence d'esprit, signe de cette victoire sur le désespoir et même sur le mal (la sottise pour être précis), inhérent aux aléas de la vie !

Cela relevé, rappelons que Marta Hillers était assez bien dotée de ressources intellectuelles. Évidemment, ce n'était pas une intellectuelle à la hauteur d'Édith Stein et sa culture non plus. Mais, durant ses « jeunes années », elle avait étudié « les langues », donc vraisemblablement la littérature française et étrangère, un peu de philosophie et d'histoire, comme le prévoyaient les études littéraires de ce temps-là en Allemagne et en France, et elle avait dû aussi visiter des musées, écouter des concerts et surtout, elle avait parcouru douze pays en emmagasinant un maximum de connaissances et d'impressions qui nourriraient ce qu'elle appelle sa « vie intérieure ». Parmi ces richesses, de remarquables souvenirs de lecture et de musique.

Ne voulant pas faire d'inventaire, je me suis proposé de mettre en valeur quelques-unes de ses très brèves notations sur les écrivains et les musiciens qu'elle aimait. Car il n'y eut pas que l'alcool et « la bouffe » pour aider Marta Hillers à tenir debout : il y eut le soleil, les forêts, les grandes randonnées, et la lecture, et la musique. « Matinée méditative, soleil, musique. J'ai lu du Rilke, du Goethe, du Hauptmann. C'est consolant de savoir qu'eux aussi sont des nôtres et de notre

58. p. 354.

espèce humaine. »[59] Ce matin-là, le 10 juin, Marta Hillers venait d'entendre à la radio que l'administration militaire soviétique s'installerait à Berlin et que

«les frontières de la Russie [s'étendraient] jusqu'à la Bavière, le Hanovre et le Holstein; que les Anglais [recevraient] le Rhin et la Ruhr, et les Américains la Bavière. Monde confus, pays débité en morceaux. »

Consolation alors, que la lecture de trois écrivains allemands (pour l'un d'eux de langue allemande) qui étaient « de notre espèce humaine » ? Oui, consolation.

Gerhart Hauptmann

né en 1862 en Silésie — à cette date possession de l'Empire allemand — dans une famille aisée, commença sa vie sous les meilleurs auspices et suivit à Breslau un cursus artistique qui l'incita à envisager une possible carrière dans la sculpture. Dans cette intention, il entreprit un long voyage à travers l'Europe, de l'Allemagne à l'Espagne et à l'Italie, d'où il rêvait de partir en Grèce. La maladie l'en empêcha et il rentra chez lui.

Déçu et amer, il s'essaya à l'épopée et au roman, et finalement découvrit ce pour quoi il était fait : écrire des pièces de théâtre, marquées d'un naturalisme qui fera de lui un maître, influencé par les idées de déterminisme et d'hérédité de classe, illustrées en France par Zola. Sa pièce de 1889, *Avant le lever du soleil*, fut considérée comme le premier grand drame naturaliste allemand. Ses pièces ultérieures confirment l'intérêt qu'il portait aux classes défavorisées et aux milieux prolétaires. Son chef-d'œuvre, *Les Tisserands*, en 1892, lui valut l'approbation de Tolstoï mais, et parce qu'il met en scène des images de révolte, la colère de Guillaume II, colère si terrible que plusieurs théâtres allemands lui fermèrent leurs salles.

59. p. 370.

Hauptmann se rabat alors sur la comédie de mœurs, sans succès. Il ose une satire des dirigeants prussiens de l'Empire et finalement se tourne vers la religion et un « mysticisme » plutôt mal vu dans son pays, mais salué à l'étranger en cette fin de XIXe siècle, alors que triomphait le symbolisme et que s'était imposée une relecture de l'Histoire sous l'égide de l'idéaliste Michelet rêvant d'une « résurrection de la vie intégrale ».

Durant ses dernières années, alors qu'arrivaient les nazis, il revint au théâtre grec et élabora en 1941-1945 une *Tétralogie des Atrides*, où l'histoire de la sinistre famille, vouée par le destin à l'assassinat, au parricide, à l'adultère et à l'inceste, est retournée en une autre histoire de persécutions, de meurtres et de massacres — très historiques, cette fois. En 1943, dans le plus grand secret, il préparait un drame anti-nazi, *Les Ténèbres,* plus noir que le plus noir crépuscule des dieux.

Gerhart Hauptmann mourut en 1946. Il avait tenu à être enterré vêtu d'une robe de bure franciscaine qu'il rapporta de son voyage en Italie.

Prix Nobel de littérature en 1912 et prix Goethe en 1932, cet homme solitaire, malchanceux dans sa vie privée, épris de beauté et en quête de justice, a laissé une trace originale dont l'Allemagne et d'autres pays peuvent se réjouir. Aussi comprend-on que Marta Hillers l'ait aimé et trouvé à sa lecture une vraie consolation.

Johan Wolfgang von Goethe

Avec lui, tout est démesuré : il fut à la fois poète, romancier, dramaturge, théoricien de l'art, amateur de dessin et de musique, librettiste (il écrivit par exemple le livret de *Don Giovanni*), passionné de biologie, zoologie, ostéologie, optique, géologie. De plus, il était polyglotte, parlait le français, l'anglais, l'italien, lisait le latin et le grec et rêvait d'aller en Italie, à Rome surtout, et en Grèce, comme tous les humanistes de son temps, un Du Bellay par exemple, pour lesquels voir Rome et l'Acropole représentait le *nec plus ultra* de la culture.

Goethe fut lui aussi amoureux de l'Italie : « En Italie ! En Italie ! Paris sera mon école, Rome mon université. Car c'est vraiment une université ; qui l'a vue a tout vu. »[60] Il s'y rendit, parcourut Italie dans l'enthousiasme du nord au sud jusqu'à Palerme, mais dut renoncer à la Grèce à cause de l'occupation ottomane. Pourtant en Sicile, écrit Jean Lacoste, « le poète [a trouvé] la Grande Grèce de l'Antiquité, la possibilité de se rapprocher le plus possible de l'origine grecque, du modèle grec [...] ».[61] En d'autres termes, l'Italie équivalut pour Goethe à une renaissance, comme au XVIe en France et au-delà, la Renaissance fut pensée et vécue comme une nouvelle naissance de l'humanité.

De part et d'autre de la demeure italienne de Goethe, deux autres lieux privilégiés : d'abord, Francfort-sur-le-Main où il naquit en 1749 et s'initia à toutes les sciences et à toutes les lettres puis, Weimar où il mourut en 1832, comblé d'honneurs et de gloire pour ses œuvres et chefs-d'œuvre dont je ne cite que quelques titres : *Les souffrances du jeune Werther*, *Les affinités électives*, *Faust I* et *II*, des *Poèmes* et des *Lettres*, en nombre incalculable. Au plan politique, il n'avait rien de très audacieux, mais admirait la Révolution française, et surtout il évolua curieusement de l'optimisme au pessimisme et à une foi chrétienne mêlée d'un souci de régénération par le végétarisme. Sa vie sentimentale fut décevante, bien qu'il ait aimé profondément « Lotte » Charlotte Buff, qu'il épousa, mais qui mourut, et qu'il aurait volontiers épousé Ulrike von Levetzow, qui refusa.

Le plus important, par rapport à Marta Hillers, c'est le *Sturm und Drang* dont Goethe fut l'un des plus remarquables illustrateurs avec Schiller.

Mouvement à la fois politique et littéraire, le *Sturm und*

60. Lettre de 1770.
61. *Goethe et la lumière*, Paris, 2007, p. 81.

Drang (tempête et passion, élan, désir de liberté) a commencé à Strasbourg autour du groupe animé par Herder et Goethe et correspondit à une phase de radicalisation dans la longue période de l'*Aufklärung* (les Lumières)[62]. Deux idées inspirèrent le mouvement : la liberté et la nature.

Liberté devant les conventions sociales et morales « bridant » l'épanouissement de la personne, épanouissement que l'Allemagne du Saint-Empire avait brisé.

La nature, en revanche, est perçue comme le lieu ou les hommes peuvent vivre le plus librement dans une solitude combien préférable aux « miasmes morbides » des villes, dira Baudelaire à la suite des Romantiques — dont le maître à penser, en cette occurrence, était Jean-Jacques Rousseau.

Marta Hillers n'eut certainement pas souvent le temps de contempler beaucoup de paysages, mais elle aimait se promener dans forêts de son pays. Et surtout, la liberté pour elle-même et pour ceux qui l'entouraient, fut ce qu'elle désira le plus, de telle sorte que nous pouvons croire que la lecture de Goethe a été pour elle, ce matin-là si amer, une vraie consolation, et que les mots de *Sturm und Dang*, durent résonner en son cœur de façon particulière.

Rainer Maria Rilke

> « Je suis assis et je lis un poète. Il y a beaucoup de gens dans la salle, mais on ne les sent pas. Ils sont dans les livres. Quelques-uns bougent entre les feuillets, comme des hommes qui dorment, et se retournent entre deux rêves. Ah ! qu'il fait bon être parmi des hommes qui lisent ! »[63]

62. Voir l'article de Wikipédia, un résumé aussi précis que peut-être sommaire pour des spécialistes, et sur le Site littéraire l'article de Rosanna Delpiano.
63. *Les Cahiers de Malte Laurids Brigge*, 1929, Le Seuil pour la

C'est souvent « entre deux rêves » que Rilke a vécu.

Rêve de son enfance à Prague, où il naquit en 1875, passée dans un univers feutré au fond d'un château des bords de la Baltique. Rêve interrompu à l'âge de onze ans, lorsqu'il dut aller se former dans des écoles militaires (d'où il fut renvoyé pour inaptitude). Rêve qui reprit quelque dix ans plus tard quand il rencontra Lou Andréas-Salomé, qui fut sa muse, et avec laquelle il se rendit en Russie, en Allemagne (il était Autrichien) et en Italie, mais ils se quitteront.

Rêve qui reprit quand Rilke rejoignit un groupe d'artistes, près de Brême, et qu'il rencontra Clara Westhoff, sculpteur, qu'il épousa, avec laquelle il aura une fille, Ruth. C'est Clara qui le présenta à Rodin en 1902, lors d'un séjour à Paris, mais le couple se sépara. Rilke se rend alors à Rome, puis en Scandinavie. De retour à Paris, il devient le secrétaire de Rodin, se brouille et se réconcilie avec lui, s'enthousiasme pour Cézanne, puis se rend à Rome et en Scandinavie.

Rêve qui reprend, une dernière fois, en 1908, après un voyage en Afrique du Nord et en Espagne, au cours d'un séjour au château de Duino en Dalmatie, où le reçoit en 1911-1912, la princesse Marie de La Tour et Taxis. Mais la guerre éclate et Rilke est mobilisé en 1916 (en tant que ressortissant autrichien). À son retour, il se retire en Suisse dans le Valais, y vit une dizaine d'années avec sa dernière amie, Baladine Klossowska, et meurt d'une leucémie foudroyante en 1926. Il laisse une œuvre poétique d'une exceptionnelle beauté : les Élégies de Duino, les *Cahiers de Malte Laurids Brigge*, les *Lettres à un jeune poète*, les *Sonnets à Orphée* et quelques opuscules, qui comptent parmi les œuvres les plus pures de la littérature universelle.

Poète de l'errance vers un Ailleurs possible / impossible, poète de la solitude, requise pour toute création, poète de la mort haïe / désirée, Rainer Maria Rilke a traversé son temps comme un témoin de l'invisible. Croyant / incroyant, les

traduction française de 1966, p. 39. (Rilke était à Paris, à la Bibliothèque nationale, rue de Vivienne).

deux à la fois, il fut un mystique moderne en quête d'un absolu d'ici-bas, sans besoin des religions impuissantes à apaiser l'angoisse humaine.

Mais quelle étrange prière, belle et émouvante, dans son *Livre de la pauvreté et de la mort*, rédigé en 1903 à Paris[64] :

> Ô mon Dieu, donne à chacun sa
> propre mort,
> donne à chacun la mort née de sa
> propre vie
> où il connut l'amour et la misère.

S'il fallait dire pour quelles raisons Marta Hillers aimait Rilke et trouva à sa lecture une vraie consolation, on n'aurait que l'embarras du choix, à supposer que l'on puisse vraiment connaître quelqu'un que l'on n'a jamais vu : c'est peu probable, quoique…

Elle a aimé aussi Pouchkine — elle cite explicitement *Boris Godounov* et *Le Maître de poste*[65] — Tolstoï et Dostoïevski.

On se souvient de son émerveillement lorsqu'elle écoutait Stepan qui lui parlait « la langue mélodieuse, richement structurée d'un Tolstoï et d'un Pouchkine » et de son émotion devant Andreï qui lui faisait penser à l'Aliocha des *Frères Karamasov*, en lui donnant un instant d'oublier un peu ses tourments.

Chacun sait que la lecture, même les souvenirs de lectures profondément inscrits dans la mémoire affective, plus encore qu'intellectuelle, sont des remèdes à l'ennui, à l'angoisse de l'avenir, à la hantise du passé. Et Montesquieu, qui l'avait expérimenté bien avant Rilke, l'écrivait dans ses *Cahiers* d'une façon tellement simple qu'elle se grave immédiatement dans la mémoire : « L'étude a été pour moi le souverain remède contre les dégoûts, n'ayant jamais eu de

64. Traduction d'Arthur Adamov, éditions Actes Sud, 1982.
65. p. 140.

chagrin qu'une heure de lecture ne m'ait ôté. » Les chagrins de Montesquieu n'avaient évidemment rien de commun avec ceux de Marta Hillers, mais, d'une certaine manière et dans une certaine mesure, elle se serait reconnue dans cette déclaration, elle qui savait le prix d'une heure de réconfort — et qui en obtint si rarement.

Peut-être était-elle plus sensible encore à la musique car elle parle avec plus de suggestion de Wagner et surtout de Schubert.

Tous les Allemands admirent Wagner (ils ne sont pas les seuls) et beaucoup au moment du nazisme se sont emparés de la *Tétralogie*, par exemple la belle-fille du compositeur, Winifred Wagner, et ont détourné sa musique en outil de propagande nationaliste. Des pages orchestrales comme « La marche funèbre » du *Crépuscule des dieux* ont été érigées en emblème du IIIe Reich expansionniste. Et l'elliptique formule *Nacht und Bebel* (nuit et brouillard) par laquelle dans *L'or du Rhin*,[66] le nain Alberich, coiffé d'un heaume magique lui permettant de disparaître aux yeux des autres personnages, désigne désormais — ou plutôt désignait ce que les nazis, ivres de puissance, ont voulu y voir — l'entreprise d'élimination de tous leurs ennemis, les Juifs en tout premier lieu et les Résistants de tout bord.

C'est ainsi que des Résistantes françaises, comme Germaine Tillion, furent envoyées à Ravensbrück au titre de déportées NN (nuit et brouillard), que « Kouri » (son nom en Résistance) décrit avec son humour habituel dans son opérette-revue *Le Verfürgbar aux enfers*[67] : « Signalons

66. Titre original traduit *L'anneau du Nibelungen*, auquel s'enchaînent *La Walkyrie*, *Siegfried* et *Le Crépuscule des dieux,* opéras représentés en 1876 au festival de Bayreuth.

67. L'adjectif *verfürgbar* signifie « disponible ». Dans l'opérette, c'est le nom d'une nouvelle espèce d'animal (les NN) que décrit un naturaliste qui dialogue avec un chœur.

brièvement quelques-unes des contradictions de l'animal : faible, débile, et pouvant à peine se traîner lui-même, il n'est employé qu'à des travaux de force, perpétuellement affamé, il n'a rien à se mettre sous la dent, et quand on lui propose une prime de nourriture, il l'a refuse… Perpétuellement malade, il montre des signes d'une crainte panique à l'idée d'être soigné. »[68]

Je crois établi que c'est le créateur de la *Tétralogie*, dépossédé comme jamais de lui-même, qui inspira à Hitler (il raffolait de Wagner) son décret du 7 septembre 1941 signant la disparition de tous les opposants, par ces mots : « *Nacht und Nebel, niemand gleich* ! » (nuit et brouillard, disparaissez !) que chantait le nain Alberich avant de disparaître dans un nuage de fumée. Folie d'Alberich et folie d'Hitler, tous les deux animés de la même fureur destructrice.

Nous comprenons ainsi facilement que Marta Hillers ait aimé la musique de Wagner, et se soit vraisemblablement gaussée de l'histoire, inventée, d'une grandeur germanique hors comparaison, dans un passé mythologique… Comme elle aimait son pays, et méprisait son héraut.

J'admirerai toujours la clairvoyance de cette Allemande, dite de rien du tout (par une infime proportion de personnes) qui ne supporta pas l'antisémitisme de ses compatriotes (de quasiment tous les Européens d'ailleurs), un antisémitisme qui était aussi celui de Wagner ! Ce qui veut dire que l'on peut être un musicien hors comparaison et un homme désespérément borné.

Dans ses conversations et ses écrits, Wagner n'a-t-il pas souvent accusé les Juifs, en particulier les musiciens juifs, d'être des étrangers nuisibles à l'Allemagne ?

J'ignore si Marta Hillers disposait de ces informations. J'ignore si jamais elle avait vu et écouté *Le Crépuscules des*

68. Éditions de La Matinière, 2005, p. 110-111. On comprend la crainte-panique de l'animal NN, car être envoyé à l'infirmerie, le sinistre *Revier*, impliquait le plus souvent qu'on n'en sortirait pas vivant.

dieux et si elle jamais elle eut la chance d'aller à Bayreuth : j'en doute, parce qu'elle n'a jamais dû avoir assez d'argent pour s'offrir un tel plaisir. Mais elle avait des disques et écoutait la radio. C'est ainsi qu'un jour elle retrouva avec bonheur quarante-trois disques, que les Russes n'avaient pas emportés, parmi ceux-ci « la moitié de *Lohengrin* »...

Marta avait sûrement gardé en mémoire quelques morceaux de cet opéra, écrit en vers par Wagner,[69] qui raconte l'histoire du mystérieux « Chevalier au cygne », apparaissant en libérateur du Brabant et sauveur d'Elsa, la sœur de l'héritier du duché accusée de l'avoir tué, qu'il épouse au cours de noces somptueuses, et disparaissant après que celle-ci, poussée par la jalousie d'Ortrud, eut obtenu qu'il lui révélât son nom : Lohengrin, fils de Parsifal, « le plus parfait » des chevaliers de la Table ronde, qui emporta en Inde le Saint Graal (la coupe de vin que le Christ partagea avec ses disciples lors de la Cène, et dans laquelle fut recueilli son sang après sa mort sur la croix), d'où il fut transporté au Mont Salvat, une montagne sacrée entourée de forêts que nul ne pouvait traverser sans y être guidé par Dieu. Là, fut bâti un temple où a été déposé le Graal, dont la garde fut confiée aux chevaliers les plus purs. Wagner notait : « Quiconque l'avait contemplé n'était plus soumis à la mort, et quiconque le servait était à l'abri de tout péché mortel. »[70]

Et il s'était expliqué sur la dimension mystique de son personnage dans une *Communication à* [ses] *amis,* en l'appliquant à la situation de l'artiste dans le monde moderne. Ainsi, la vaine tentative de Lohengrin pour se faire aimer d'Elsa, tel qu'il est dans son mystère, est-elle l'image poétique des efforts stériles de Wagner pour se faire comprendre de ses contemporains : l'image tragique de l'artiste face à un monde qui s'obstine à le juger, au nom de la raison avec ses préjugés et ses préventions, en excitant autour de lui la jalousie et la

69. Composé entre 1845 et 1847, créé en 1850 à Weimar, le compositeur en avait confié la direction à Franz Liszt.

70. Extrait de *Lohengrin et Tannhäuser*, 1850, Paris, 1930.

haine. De là, le sentiment d'isolement complet éprouvé par Wagner, alors qu'il n'aspirait qu'à travailler à « l'humanité universelle » et à la réconciliation de tous les peuples par le miracle de la musique et de la poésie.

Mais, « la beauté fait mal », écrivait-il.[71]

Elle fait souffrir non seulement l'artiste, mais celui qui la contemple et l'écoute, en se fiant moins à son intellect qu'à sa sensibilité instinctive qui, elle, ne trompe pas.

Que Marta Hillers ait connu ces mots du compositeur, c'est très improbable, bien qu'ils se trouvent textuellement dans son journal…[72] Pur hasard ? Nous pouvons seulement affirmer qu'elle éprouva elle aussi combien « la beauté fait mal », à l'heure où l'Allemagne vivait une sorte de désert de la pensée et de la sensibilité et que des barbares, qu'elle compare aux Teutons, piétinaient la beauté en exaltant, à la gloire de leur Führer, une autre « beauté », gangrenée, salie.

Mais venons-en à Schubert dont je ne peux m'empêcher de penser qu'il était son préféré, à cause de son *Voyage d'hiver* résonant de façon toute particulière au cœur de cette « voyageuse », souvent pourchassée lorsque les événements se déchaînaient contre elle, et toujours en quête d'espace où respirer librement et même en quête de son identité, éclatée sous le coup de la violence.

Comment Marta Hillers vécut-elle le voyage, tout particulièrement au sens symbolique ?

Étant donné qu'elle était Allemande, sa culture l'avait préparée à entendre dans le mot *Wanderung* autre chose qu'un simple voyage d'agrément car pour tout Allemand enfant du XIXe siècle romantique, le voyage, la *Wanderung*, « a une valeur d'émotion et de formation considérable », écrit le musicologue Michel Schneider. « Mot simple et mystérieux à la fois, la *Wanderung*, se traduirait au mieux

71. *Cf.*, *Carnet de notes*.
72. *Cf.*, ci-dessus, p. 41.

par initiation. Initiation aux autres et à soi-même, au temps et à l'éternité, au visible et à l'invisible. »[73] Perspective riche et neuve qui nous éloigne de ce que nous disions du bonheur des randonnées en plein soleil et du plaisir de marcher, courir, aller et venir dans Berlin : autant d'activités que Marta Hillers aimait, comme elle avait aimé jadis voyager à travers l'Europe mais qui, après l'épreuve que le sort lui imposa, se transformèrent en traversée d'un autre monde — *Un voyage au bout de la nuit*[74] — et prirent un tout autre sens.

C'est pourquoi nous devinons sans peine l'émotion que Marta Hillers devait ressentir en écoutant le *Voyage d'hiver* de Franz Schubert (1828), non seulement parce que c'est « le » chef-d'œuvre de ses six cents lieder, mais surtout parce que les thèmes de la solitude, de l'amertume, de la perte d'espoir, de la violence, du gel, de la faiblesse et de la force derrière la faiblesse, devaient retentir en elle à une profondeur que nous ne pouvons même pas imaginer — comme une variation sur son propre destin.

Rappelons par exemple que le *Winterreisse* commence par ces mots : « Étranger que je suis. » Étranger, Schubert le fut sa vie durant et son frère Ferdinand rapporte qu'« il avait sans cesse le sentiment qu'il se trouvait dans une pièce étrangère »[75], et rappelons aussi que le *Voyage d'hiver*, publié à titre posthume, fut le dernier voyage et le dernier hiver de Schubert (qui ne voyagea jamais), une sorte de voyage dans le temps et l'espace à la recherche d'un but donné comme inaccessible. Le poème musical, organisé en deux cycles de 12 lieder, est d'abord d'une nudité telle que « le piano semble s'absenter », commente Michel Schneider, dès l'épisode initial *Gute Nacht* (bonne nuit) par lequel le voyage s'ouvre sur l'adieu du voyageur à la femme aimée qui l'a trahi et sur un sentiment de solitude face à la mort qui approche.

73. *Musiques de nuit*, Odile Jacob, 2001, p. 173 sq.
74. Titre du roman de Louis-Ferdinand Céline, 1932
75. Cité par Michel Schneider, p. 157.

(Schubert mourut à trente et un an en 1828, l'année même de son chef-d'œuvre).

La solitude au milieu de gens beaucoup plus indifférents que ne l'étaient ceux qui entouraient Schubert, Marta Hillers la vécut plus cruellement encore : « Je me sens terriblement seule avec mon fardeau.[76] Expérience intraduisible, amplifiée par le sentiment d'être étrangère parmi les siens :

> « J'ai toujours ressenti avec énormément de tristesse que j'étais tenue à l'écart, perçue comme une étrangère, tolérée, une femme venue d'ailleurs. C'est de plein gré que je suis rentrée en Allemagne, alors que mes amis me conseillaient d'émigrer. Et c'était bon de rentrer au pays. À l'étranger, je n'aurais jamais pu prendre racine. Je sens que je fais partie de mon peuple, je veux partager son sort, même maintenant. Mais comment ? »[77]

Comment en effet échapper au sentiment d'étrangeté que souvent nous ressentons devant ceux-là même qui nous sont proches ? Et comment eux-mêmes peuvent-ils échapper à l'« étrangeté inquiétante » dans laquelle il nous arrive de les enfermer, parce qu'ils nous gênent, nous dérangent, sont trop différents de nous ? Julia Kristeva a apporté une réponse dans *Étrangers à nous-mêmes*[78], en développant l'idée, d'un point de vue freudien, que pour ne pas haïr l'étranger (en l'occurrence le migrant) et si l'on veut œuvrer « pour une humanité dont la solidarité est fondée sur la conscience de son inconscient », il faut que « s'installe en nous la différence sous sa forme la plus désemparante, et la donne comme condition ultime de notre être *avec* les

76. p. 338.
77. p. 267.
78. Fayard, 1998.

autres» puisque, comme eux, nous sommes «étrangers à nous-mêmes».

Je ne sais si Marta Hillers se sentait étrangère à elle-même. Je sais seulement qu'elle fut souvent vue chez elle comme une «étrangère», insupportable parce que différente dans sa façon d'être et de penser, et qu'elle en souffrit beaucoup.

Mais revenons aux autres lieder du *Voyage d'hiver* qui, dans un enchaînement à la fois serré et heurté, traduisent la douleur, la perte d'espoir, le froid *et* l'espérance grâce au courage (le lied le plus violent du premier cycle s'intitule *Mut* ! (courage !), en déroulant des thèmes où s'entendent des accents de force, par-delà le découragement et la faiblesse. Michel Schneider cite alors la troisième des neuf *Lettres sur la peinture de paysage* de Carl Gustav Carus :

> «Le sentiment d'*essor*, de *stimulation*, de développement, le sentiment de *vraie clarté* et de *repos intérieur*, de la détérioration, de *mélancolie,* et d'*absence de tout sentiment, l'apathie,* sont les quatre stades auxquels peut être ramenée, comme aux sons fondamentaux et primitifs, la vie du cœur, avec toute sa simplicité infinie.»[79]

Je ne tairai pas mon plaisir devant des commentaires de cette qualité qui renvoient, sans forcer la comparaison, l'image de Marta Hillers, elle dont le cœur fut durci, «gelé» par la détérioration de son pays, par la mélancolie (l'humeur noire), la perte de toute sensation à force de subir trop de douleurs — mais qui ne se réfugia pas pour autant dans «l'apathie» ni dans «des déserts de glace».

Au contraire, elle vivait, et fut même capable de vivre sans haine. C'est précisément de cela que voulut témoigner Kurt W. Marek dans sa postface au Journal de Marta Hillers, rédigée en 1954, donc près de dix ans après les événements. Il

79. p. 167.

avait rencontré la narratrice en 1947 et, au fil du temps, ceux des habitants de l'immeuble qui vivaient encore :

> « Ce qui déconcerte [...] c'est que le livre ne contient aucune trace de haine. Mais il est vrai que là où tout sentiment est gelé, la haine non plus ne peut jaillir. Sigmund Freud nous a appris "[...] que les pulsions peuvent dévier de leur trajectoire et « être remplacées par d'autres dès lors que l'énergie de l'une se déplace dans une autre." Il n'échappera à aucun lecteur que chez les habitants de cette maison berlinoise une pulsion l'emportait sur toutes les autres : la faim. Pulsion de survie, à tout prix. »

Tout est dit du témoignage de Marta Hillers.

Puissance de la pulsion de survie dans un contexte où la faim tue, ou menace de tuer, de la première page du Journal à la dernière, surdéterminée par la haine qu'incarne l'ennemi. Et puissance plus forte encore du travail d'autoprotection accompli par Marta Hillers, parvenue à se dégager de la haine — par définition contagieuse — grâce à un choix de vie contre la mort et à la décision d'écrire pour se reconstruire, et pour comprendre l'ennemi lui-même.

En d'autres termes, l'expérience de Marta Hillers correspond à une traversée du mal. Un voyage intérieur.

C'est pourquoi, en définitive, la voyageuse qu'elle fut se distingue des voyageurs et écrivains allemands dont parle Michel Schneider, partant à la recherche d'un but souvent mythique.

Je me référerai désormais à Lionel Richard qui étudie *La nuit allemande* d'un point de vue plus radicalement historique.[80] Depuis la fin du XVIIe siècle, explique-t-il, le drame baroque allemand est marqué de mélancolie, interprétée par

80. Article du *Magazine littéraire*, juillet-août 1987.

Luther comme la conséquence d'un refus du peuple d'obéir à l'autorité. Il en résulta

> «pour beaucoup de ceux qui aspiraient à autre chose qu'à se contenter de manger et de dormir, la conscience d'un vide, d'une désolation. Accablement moral, insatisfaction, tristesse, voilà ce qu'ils éprouvent.»

C'est ainsi que commença à se développer le goût des voyages, l'exotisme, l'évocation du passé «comme compensation à un sentiment de vide de l'existence», qui gagna bientôt toute l'Europe sous forme de nostalgie: aspiration vague à l'inconnu, à l'Ailleurs. L'œuvre la plus significative à cet égard est *Heinrich von Ofterdengen* de Friedrich Novalis, qui raconte l'histoire d'un jeune homme parti à la recherche d'une Fleur Bleue, aperçue en rêve: désir irréalisable, qui le poussera à entreprendre un «voyage initiatique», de l'extérieur à l'intérieur. Et Lionel Richard commente en soulignant que le Romantique allemand est tellement obsédé par cet Ailleurs qu'il en perd le sens du réel au point de fuir dans la folie ou la mort. (Un certain nombre se suicideront, par exemple Nikolaus Lenau ou Friedrich von Kleist et beaucoup mourront jeunes, Schubert, pour ne pas le nommer, et la folie n'épargna ni Lenau ni Hölderlin ni Kleist.)

Mais la soif de changement incite la plupart à rejoindre des pays lointains, l'Italie, la Grèce et même l'Orient, d'où ils rentrent parfois déçus, sans que cette déception les retienne de repartir encore.

> « Reste que l'héritage des Romantiques allemands qui a fructifié, c'est bien le rejet d'ici-bas. Les tourments de leur mélancolie n'ont pas davantage laissé indifférentes les générations

> de Kafka et d'Anna Seghers que celles d'après 1945. »

À ce dernier titre, Marta Hillers, sans se rattacher directement à ces témoins du « mal du siècle », ni à leur quête d'un Ailleurs hors de l'espace et du temps, les rejoint latéralement. En effet, si le voyage fut d'abord pour elle simple plaisir de regarder, de découvrir et occasion d'apprendre — en 1945, le « voyage » changea de visage, parce que, et bien qu'elle ne cessât d'aimer la beauté des paysages et la culture prestigieuse de son pays, l'Allemagne était alors devenue méconnaissable, hideuse.

Il reste à insister sur deux aspects du témoignage de Marta Hillers : son style particulier et sa sensibilité.

Commençons par rappeler, et c'est important, qu'elle ne connut pas son père, elle était toute petite quand il fut mobilisé en 1916, et que sa mère, qu'elle aimait et qui l'aimait, ne put la retenir longtemps car elle embrassa son travail de journaliste avec passion, sans du reste oublier sa famille. Quant à ses voyages à travers l'Europe, ils lui firent découvrir des paysages riants ou désolés, des sociétés prospères ou saccagées, des gens sympathiques ou insignifiants, qui lui permirent (les meilleurs comme les moins bons) de garder en mémoire de nombreux souvenirs qu'elle partagea avec ses lecteurs, fragmentairement, mais pouvait-il en aller autrement, alors qu'elle rédigeait son Journal sous les bombes et dans l'angoisse ?

Dans cette optique, nous voyons bien que le style généralement fragmentaire du récit est symbolique à la fois de la marche rapide et bouleversée dans Berlin en ruines et de l'immobilité glacée de l'écrasement dans la terreur — qui met en relief ce qu'il en fut de cette fin de guerre en Allemagne, cette « mère blafarde », pour reprendre les mots du poème de Brecht :

> Allemagne… Ô Allemagne, mère
> blafarde !
> Comment tes fils t'ont traitée
> Pour que tu deviennes la risée ou
> l'épouvantail des autres peuples !. .

Après ses voyages en Europe, c'est-à-dire peu avant la guerre, les amis de Marta Hillers lui avaient conseillé de ne pas rentrer en Allemagne. Elle ne les a pas écoutés, peut-être parce qu'elle ne voulut pas abandonner sa mère, mais aussi parce que l'émigration, à ce moment-là, lui paraissait en contradiction avec ce qu'elle était, à savoir la voyageuse dont nous parlions, ce qui peut sembler contradictoire puisque se terrer à Berlin la condamnait à l'immobilité, mais nous savons que Marta Hillers a employé pour voyager d'autres moyens que le train ou l'avion.

Beaucoup de ses compatriotes pourtant refusèrent de revenir en Allemagne par exemple, Anita Lasker-Wallfisch, jeune violoncelliste juive déportée à Auschwitz avec l'une de ses sœurs après que leurs parents eurent disparu. Elle fut ensuite transférée à Bergen-Belsen, un camp à peine moins épouvantable que Birkenau, mais sans chambre à gaz : on se contentait d'accumuler des milliers de corps dans des fosses communes avant de les brûler. Une fois le camp libéré par les troupes anglo-américaines, la jeune musicienne refusa de revenir en Allemagne, se maria en Grande-Bretagne où elle mena une brillante carrière de violoncelliste dans l'orchestre philharmonique de Londres. Ce n'est qu'en 1994 qu'elle consentit à accompagner l'orchestre pour une tournée de concerts.

Et nombreux les Allemands, Juifs en particulier, qui n'eurent d'autre solution que de se réfugier aux États-Unis, comme Hannah Arendt, ou dans un couvent, comme Édith Stein qui frappa à la porte du carmel de Cologne parce qu'il n'y avait plus de place pour elle en Allemagne. (À elle aussi sa famille et ses amis avaient conseillé de quitter son pays).

Et tant d'autres parmi lesquels en 1933 environ 30 000, pourchassés de tous côtés, qui parvinrent à fuir.

Comment s'étonner, dans pareil contexte, de la fragmentation du témoignage de Marta Hillers, à un moment où tous les liens sociaux ne tenaient plus que par fragments, que les sentiments se limitaient à la protection de ses enfants, que la pensée, pétrifiée dans la terreur, éclatait en morceaux ?

Redisons tout de suite que, comme ceux qui durent se réfugier aux États-Unis, en Suisse ou ailleurs, Marta Hillers aimait son pays, non qu'elle l'ait jamais considéré comme sa « mère », elle n'eut pas besoin de compenser par un amour de la Mère-Patrie une quelconque défaillance de sa propre mère, mais parce qu'elle aimait l'Allemagne — viscéralement. Une Allemagne qu'elle ne voulut pas quitter au moment où les Alliés la laissaient en ruines, qu'elle quitta quand elle en fut chassée, et où elle est revenue au long des voyages de sa mémoire.

Nous avons souvent observé combien Marta Hillers était sinon « viscérale », du moins instinctive, physique. Aussi n'est-il pas étonnant que le corps en général et le sien en particulier tiennent tant de place dans son témoignage.

Sans revenir sur la faim qui la rendit squelettique (elle retrouva sa forme dès qu'elle put manger avec la voracité que nous lui connaissons), disons maintenant qu'elle rêvait d'être « propre » ! « Si seulement on avait du vrai savon ! J'éprouve souvent le besoin avide de me récurer la peau à fond et suis persuadée qu'après cela je me sentirai plus propre à l'intérieur aussi. »[81] Et avec quel bonheur — vite brisé — n'ira-t-elle pas chez le coiffeur quand tout sera à peu près rentré dans l'ordre. C'était le 9 juin :

> « Je me suis fait décrasser la tête d'une bonne livre de saletés et me suis fait faire une mise en plis. [...] Le coiffeur s'adressait à moi comme en temps de paix : “Oui, bien sûr, m'dame,

81. p. 230.

> très certainement, volontiers, m'dame…" Je me sentais une autre, avec toutes ces formules empressées. Les "m'dames" sont des sortes de devises intérieures, une monnaie qui n'a cours qu'ici, entre nous. Aux yeux du monde, nous sommes les *Trümmerweiber,* les filles des ruines. »[82]

Les *Trümmerweiber…* elles ont dû faire pleurer plus d'une fois, Marta Hillers.

Pourtant elle pleurait peu : rarement sur elle-même, le plus fréquemment sur son pays, les femmes violées et leurs mères.

Nulle part, on ne la voit en larmes pour des riens.

Une fois, elle pleure de honte (?) : ce jour-là en effet, le 7 mai, le major leur avait apporté du tokay de cinq *puttonyos*[83] et, écrit-elle, « nous buvons, je ronronne d'aise. »[84] Quel mot délicieux ce « je ronronne » ! Pourtant, ajoute-t-elle, lorsque le major partit à 17 heures, « je me suis sentie mal. J'ai pleuré. » Réaction inattendue, à mettre sans doute au compte de sa conscience morale, cette même conscience qui lui laissait un certain malaise après les régals dont elle profitait quand avec le major et son groupe, elle mangeait et buvait à s'étouffer… Mais n'avait-elle pas besoin de garder ce qui lui restait de forces alors qu'autour d'elle tout disparaissait de ce qu'elle aimait, sa ville, ses amis, ces « gamins fauchés sans même être mûrs » — « la beauté injuriée » (Rimbaud) — et qu'elle réalisait combien la tricherie et la délation minaient toutes les relations humaines ? Il y avait alors de quoi pleurer de honte et de désespoir.

Des semaines après la petite scène mi-comique, mi-amère, ci-dessus, Marta Hillers transcrit ce qu'elle avait

82. p. 369.
83. Le tokay, ce vin blanc hongrois, a pour unité de mesure le *puttony* par lequel se définit sa teneur en sucre.
84. p. 222-223.

« griffonné dans la marge, à l'usage d'auteurs de romans » : ce qui est encore plus inattendu, surtout compte tenu des personnages.

Ils sont trois : une femme et deux hommes. La femme jouit du plaisir pris avec son amant :

> « Ses ongles fouillèrent la chevelure étrangère, de sa gorge s'échappaient des cris [...] Un quart d'heure plus tard, elle était seule. [...] Elle écarta les mèches ébouriffées de son front. Soudain, elle perçut, avec une sinistre acuité, une autre main qui se glissait dans sa chevelure, la main de l'ami lointain, peut-être mort depuis longtemps. [...] Des larmes jaillirent de ses yeux. [...] Elle sanglota dans les coussins et souhaita mourir. »[85]

Que cet « ami lointain » soit Gerd, introduit avec elle dans ce roman de gare qui finit mal, n'est pas impossible...

Une seule fois, Marta avoue avoir pleuré sur elle-même. C'était, il est vrai, à un moment particulièrement cruel. Le M. Pauli déjà mentionné, qui appréciait la table de la veuve, lassé de cette convive trop affamée, exigea de son hôtesse qu'elle la renvoie :

> « J'ai fait mon baluchon, rassemblé mes quelques cuillers et mes vielles nippes et j'ai grimpé là-haut. [...] Le plus triste pour une femme seule, c'est que chaque fois qu'elle trouve une sorte de famille, elle dérange au bout d'un certain temps, elle est de trop, déplaît à l'un parce qu'elle plaît à l'autre, et qu'à la fin on l'expulse pour avoir la paix. Voilà tout de

85. p. 223.

> même quelques larmes qui viennent souiller ma page. »[86]

Et Marta Hillers de conclure avec plus d'amertume que de contentement, qu'elle était « bien contente » d'avoir pris ses repas, « toute cette semaine », chez les Russes !

Plus intéressante encore, la conversation qu'elle soutint « ardemment » un jour avec une « intelligente Suissesse », alors qu'elle n'en pouvait plus. « Je ne sais pas pourquoi je suis sur terre, disait-elle. Je ne suis indispensable à personne, je suis là et j'attends, je n'ai ni but ni tâche en vue. »[87]

À bout d'argument, — la Suissesse n'en manquait pas qui soutenait que de toute façon on pouvait opter pour une amélioration du monde — Marta Hillers s'accrocha à « une phrase » : « La somme des larmes reste constante », qu'elle commente :

> « Quelles que soient les formules ou les bannières auxquelles les peuples se rallient, quels soient les dieux auxquels ils croient ou le pouvoir d'achat, la somme des larmes, des souffrances et des angoisses est le prix que doit payer tout un chacun pour son existence, et elle reste constante. Les populations gâtées qui se vautrent dans la névrose et la satiété. Ceux auxquels le sort a infligé un excès de souffrances, comme nous aujourd'hui, ne peuvent s'en sortir qu'en se blindant. Sinon, j'en viendrai à pleurer jour et nuit. Or, je le fais tout aussi peu que les autres. Il y a là une loi qui régit tout cela. N'est apte au service que celui qui croit à l'invariance de la somme terrestre des larmes, n'a aucune aptitude à changer le monde ni aucun penchant pour l'action violente. »

86. p. 342.
87. p. 265-266.

J'ai cité intégralement ce passage, parce qu'il est l'un des plus émouvants du Journal, pour deux raisons.

Premièrement, parce qu'on retrouve cette hantise du «prix à payer» sinon «pour son existence» en général, du moins pour cette existence-là, celle de la narratrice, si malmenée par la vie, l'angoisse et les souffrances.

Et nous savons que le thème du péché originel a pesé longtemps comme une malédiction, dont tous les êtres humains porteraient la tache en naissant: ce qui les condamnerait au malheur. Je disais aussi que Marta Hillers n'avait pas été imprégnée de ces théories accablantes, orchestrées par Luther, bien qu'elle paraisse y avoir cru, comme si elle avait été portée au désespoir par sa propre vie...

Il faut rappeler qu'à cette époque, la prédication chrétienne en Allemagne (et ailleurs) l'incitait à désespérer d'elle-même: n'avait-elle pas abusé du plaisir sexuel? N'avait-elle pas provoqué les hommes? N'avait-elle pas rusé avec eux comme Ève qui entraîna dans sa chute le malheureux Adam? Donc, elle devait payer pour tous ses péchés, elle qui avait détourné les hommes de leur vocation première: vivre aussi purs que les «anges», ou peu s'en faut.

Pauvre Marta Hillers, emberlificotée dans le filet de son ange—nous en parlerons bientôt—avec ce désir de fuite, de pureté et d'envol vers les blanches sphères! Que n'avait-elle pas fait avec les Ivans? Elle n'aurait pas dû sortir vivante de leurs mains. Or, elle en était sortie. Donc,—magnifique syllogisme—elle avait «négocié» sa survie, et de quelle façon! En outre, elle pleure si peu: n'est-ce pas «la» preuve de la culpabilité pour une femme dont les larmes apaisent toujours la juste colère de Dieu?

Je me permets tout de même de renvoyer le lecteur au livre de Jean Delumeau, déjà cité[88], et maintenant à celui d'Anne Vincent-Buffault, *Histoire des larmes* XVIIIe-XIXe

88. *Le péché et la peur. La culpabilisation en Occident* XIIIe-XVIIIe *siècles.*

siècles[89], l'un et l'autre, quoique de manière très différente, permettent de comprendre un peu l'incompréhensible. Le premier : l'incompréhensible d'une culpabilité originelle indépendante des actes engageant la responsabilité humaine ; le second : le plus compréhensible de l'histoire des larmes sans rapport avec la culpabilité, mais ancrée dans la culture au point de les interdire en société au nom de la décence, ou d'en inonder les témoins comme signe de sensibilité — donc de génie : cela se disait beaucoup à l'époque romantique.

Deuxièmement, parce que les derniers mots du texte sont encore plus émouvants, comme une sorte de confidence, à la simplicité déconcertante : « N'est apte au service que celui [qui] n'a aucune aptitude à changer le monde ni aucun penchant pour l'action violente. »

Il est plus que certain que Marta Hillers n'eut aucune ambition de changer quoi que ce soit à l'histoire du monde ni à celle de son pays, et qu'elle était parfaitement inapte à « l'action violente ». Tout chez elle en effet traduit son refus de la violence — elle était bien placée pour savoir à quelles extrémités mène la violence —, mais elle ne s'est pas contentée de la condamner : elle a vécu farouchement en « résistance passive », comme on le dit de ceux qui, sans prendre les armes, ont participé de mille manières à la lutte contre l'ennemi, quitte à perdre les leurs — et en pleurer de désespoir.

C'est la raison pour laquelle il est possible de penser que Marta Hillers aurait sûrement admiré l'énorme livre de Jean Delumeau, qui décrit les pires infamies et les plus grands actes de courage, et qu'elle se serait sans doute amusée de *L'Histoire des larmes*, qui fait rire plus d'une fois, tout en faisant réfléchir sur la comédie humaine :

> « Plus que les signes émis, écrit Anne Vincent-Buffault, les larmes deviennent des symptômes déchiffrés par le regard expert du narrateur ou

89. Rivages / Histoire, 1986.

> de l'écrivain. Le jeu permanent de la surface et de la profondeur, de l'apparence et de la vérité est aussi récurrent. Un caractère de granit dévoile un trésor de tendresse profondément enfoui, une âme de diamant se met à fondre en livrant une intimité préservée par l'indifférence générale. Tel qui a une sensibilité d'écorché porte cuirasse. Et la douleur la plus profonde peut laisser les yeux secs. [...] Trop de crédulité ou trop de scepticisme face aux larmes d'autrui menacent sans cesse les relations particulièrement entre hommes et femmes. »[90]

« Le regard expert du narrateur » fait penser à Marta Hillers, impitoyable dans ses observations, elle qui avait aussi « un caractère de granit » et en même temps, « une sensibilité d'écorché », sans parler d'une grande pudeur.

Pudeur dans l'expression de ses sentiments, dans le regard toujours distancié qu'elle porte sur ceux qui l'entouraient, les pires et les meilleurs, dans le rappel mélancolique de ses souvenirs d'enfance, d'amour et de voyage, dans la honte bue et la dignité perdue, dans le désespoir et la douleur — celle qui n'a pas de mots pour se dire —, dans la tristesse jamais étalée mais maîtrisée par le rire (« Je me presse de rire de tout, disait Beaumarchais, pour ne pas avoir à en pleurer »), dans le désir de survivre, de vivre, de recommencer à vivre et à espérer envers et contre toutes les tristesses et toutes les déceptions :

« Eh bien quoi ? Je suis vivante, non ? Tout peut s'oublier ![91] », répondit-elle à la veuve qui pleurait de désespoir après l'avoir laissée seule face aux Ivans. (Mais, qu'aurait-elle pu faire devant quatre hommes, « tous lourdement armés, mitraillette à la hanche » ?...)

Marta Hillers avait une confiance inébranlable en la

90. p. 168.
91. p. 100.

vie. Elle marchait, courait, parlait, riait, pour se donner du courage.

Et même, elle a essayé de voir clair dans l'un de ses rêves, pour échapper à l'angoisse.

Il y a dans son Journal une page, une seule page, où elle confie au lecteur un « rêve éveillé », ce genre de rêves qui précèdent le réveil ou l'endormissement. Elle le raconte, le soir du 28 avril, après le viol qu'elle subit de Petka et qu'elle se sentait « poisseuse » et ne pouvait même plus « toucher [sa] peau » :

> « C'est comme si j'étais étendue sur mon lit et en même temps je me voyais couchée là, tandis qu'un être lumineux et blanc sortait de mon corps ; une sorte d'ange, mais sans ailes, qui montait droit comme une flèche. En écrivant, je ressens encore ce sentiment d'envol, d'ascension. Il s'agit bien sûr d'un rêve, d'un rêve de fuite. Mon moi abandonne ce pauvre corps souillé, profané. Il s'en éloigne et s'élève vers les blanches sphères. Il ne faut pas que mon moi soit affecté. Je veux me débarrasser de tout ça. Serais-je en train de perdre la tête ? Non, car en cet instant je la sens froide, et mes mains sont fermes et calmes. »[92]

Comment commenter un rêve ? Paul Ricœur, dans *La terre et les rêveries de la volonté*[93], ouvre une piste lorsqu'il analyse les rêveries « matérielles » qu'il confronte aux rêveries « spirituelles » incluses dans les premières, et les dépassant dans une tension vers l'harmonie entre l'esprit et les éléments constitutifs du cosmos : la terre, l'eau, le feu et l'air.

92. p. 102.
93. Éditions José Corti, 2004.

Or, l'antithèse chez Marta Hillers, est «la» figure de style type, ce moyen de dire l'indicible en réunissant les contrastes les plus violemment opposés, et en les dépassant. Ce que l'on voit précisément dans ce «rêve éveillé»—comme dans tout le Journal d'ailleurs sous-tendu par une expérience où surabondent les termes répugnants: «excréments», «merde», «saleté», «immondices», «pourriture», «souillure», jusqu'à «la dysenterie» de l'Ouzbek du major (que Marta dut nettoyer)—auxquels se joint inévitablement le «sexe», ce mot que les femmes en particulier à cette époque avaient honte de prononcer, tandis que les hommes-Ivans violaient, pissaient contre les murs, laissaient partout leurs excréments, avec le même naturel décontracté. Mais en même temps, Marta Hillers laisse entendre qu'au moment même où elle se voyait comme une «ordure»... elle voulait fuir, ne pas être « affectée» par «tout ça».

C'est bien ce que raconte son rêve éveillé dans lequel se révèlent le dégoût *et* le désir de vaincre le dégoût—cette autre face de la mort.

Tout repose en effet sur un jeu de contrastes: le corps «souillé», «profané»/ l'être lumineux qui «sort» de ce corps comme expulsé au terme d'un accouchement; l'ange («sans ailes»), étrangement humanisé / le «pauvre moi» humilié; «la flèche», symbole de droiture, de verticalité / la pesanteur de la chute dans l'ignominie; l'éloignement du moi «vers les blanches sphères» / la volonté de ne pas «perdre la tête ».

Et c'est aussi ce que l'on retrouve à divers moments du Journal.

Insistons tout de suite sur la locution «comme si» qui ouvre le récit du rêve, comme si Marta Hillers n'avait pu trouver les mots pour dire l'indicible de son expérience, une expérience comparable à celle des autres femmes violées et pourtant unique, comparable à nulle autre. Aussi a-t-elle eu recours spontanément, m'a-t-il semblé, à ce que suggère cette locution qui, en permettant une sorte de dédoublement de l'image, montre qu'en réalité le corps de la narratrice et celui qui sort d'elle ne forment qu'un seul et même être. Seule alors l'image pouvait faire entrapercevoir quelque chose de cette réalité indescriptible, qui échappe à l'entendement, sans pour autant ne pas exprimer le réel de l'expérience vécue.

«Comment mieux dire», écrit Ricœur, «que l'image a une double réalité: une réalité psychique et une réalité physique», et il poursuit en précisant le thème de son ouvrage:

> «Nous traiterons d'une psychologie de la pesanteur. C'est un problème qui doit être traité deux fois: une fois, en psychologie aérienne, comme thème du vol, une seconde fois, en psychologie terrestre, comme thème de la chute. Mais ces deux thèmes, si contraires logiquement, sont liés dans les images. [...] il faudra, dans le présent livre, consacré aux images dynamiques de l'imagination terrestre, parler des forces de redressement.»[94]

Réflexion qui s'applique précisément à Marta Hillers car on peut relire tout son Journal à travers le prisme d'une unique tension entre la chute et le redressement.

Dès l'ouverture, chute dans le silence des « *niemze* », les «muets», ainsi que les Russes appelaient les Allemands; amplifié dans les «catacombes de la peur», la «fosse commune», telle qu'est décrite la cave; recouvert par les hurlements des *Katiouchas*; englouti sous le déferlement des Ivans et assourdi dans la vase pesant lourdement sur les membres et tirant la proie vers le fond: le gouffre du mal. Mais précisons bien que Marta Hillers, toute imprégnée qu'elle puisse avoir été de luthérianisme, ne fut jamais obsédée par l'idée

94. *Op. cit.*, p. 10 et 18.

du péché originel, volontiers résumé en péché de la chair, vouant tous les hommes au pire châtiment. Si instinctive et vibrante qu'elle fût, elle était trop « normale », trop soucieuse des autres plus que d'elle-même, pour se laisser embarquer dans je ne sais quelle peur obscure, sans comparaison avec les vraies peurs que nous nous faisons mutuellement — et qu'elle connaissait, celles-là.

Elle réagissait plutôt de toutes ses forces et était capable de se relever, de se redresser, après les pires humiliations, les pires douleurs et les pires angoisses.

En effet, non seulement l'instinct de survie, mais sa propre énergie et son courage lui permirent de refuser d'être anéantie. Ce ne fut évidemment pas facile, mais, avec quelle ardeur et quelle rage ne luttait-elle pas sans autre arme que son intelligence et sa fierté ? Elle écrivait d'ailleurs au début de son Journal que si elle se sentait toujours « poisseuse et révulsée » lorsqu'elle discutait avec d'autres femmes en faisant la queue devant un magasin, elle ajoutait :

> « je refuse de me couper de tout cela, je veux me plonger dans cette marée humaine, partager ce qu'elle vit, y participer. Conflit intérieur entre l'orgueilleux isolement dans lequel se déroule habituellement ma vie privée, et l'envie d'être comme les autres, de faire partie du peuple, de subir l'Histoire. [...] L'Histoire est lourde à porter. [95]

N'est-il pas admirable, une fois encore, que Marta Hillers ait été capable de ne pas se replier sur elle-même, d'avoir voulu saisir à bras le corps le destin des Allemands, ses frères, et partager sinon leurs crimes, leurs malheurs ?

On voit à cet exemple que, dans certaines circonstances, l'orgueil, « l'orgueilleux isolement » dont elle parlait — donnons à ce mot le sens de présence à soi et de conscience du

95. p. 41-42.

bien-fondé de ses actes —, loin d'être un obstacle, se révèle au contraire, lui aussi, un ressort combien précieux et juste. Voudrait-on d'autres illustrations ?

Comment Jean Moulin aurait-il pu résister à la torture comme il l'a fait, si l'orgueil ne l'avait pas animé ? Orgueil, non seulement d'avoir décidé de *dire non*, mais mieux encore, de refuser de se séparer de ceux qui pourtant l'abandonnèrent, parce qu'il était trop autoritaire, trop sûr de lui, trop orgueilleux.

Et Édith Stein, Sainte Thérèse-Bénédicte de la Croix, n'était-elle pas un peu orgueilleuse, elle qui refusa d'abandonner son travail de philosophe et s'y consacra au fond de son Carmel, sûre, qu'en écrivant elle rendait gloire au Dieu vainqueur du mal et de la mort ?

Et Saint Paul, immense figure du christianisme par son intelligence et sa force missionnaire, ne se montra-t-il pas souvent orgueilleux et insupportable à ceux qui l'entouraient ?

Que l'on relise la deuxième Épître aux Colossiens où il se décrit prêt à s'enorgueillir des visions et révélations du Seigneur :

> « je sais que cet homme fut enlevé jusqu'au paradis et entendit des paroles inexprimables qu'il n'est pas permis à l'homme de redire. Pour cet homme-là, je m'enorgueillirai, mais pour moi, je ne mettrai mon orgueil que dans mes faiblesses. Ah ! si je voulais m'enorgueillir, je ne serai pas fou ; mais je m'en abstiens, pour qu'on n'ait pas sur mon compte une opinion supérieure à ce que l'on voit de moi ou ce que l'on entend dire. Et parce que ces révélations étaient extraordinaires, pour m'éviter tout orgueil, il a été mis une écharde dans ma chair, un ange de Satan chargé de me frapper, pour m'éviter tout orgueil. »

Le texte est admirable dans la beauté de l'expression et un peu étrange dans le sens : voilà un homme extraordinairement inspiré par Dieu et qui, pour ne pas être taxé d'orgueil se dit rempli de faiblesses… C'était vrai, mais tout de même, quel besoin de le dire et redire…

Quant à Marta Hillers, et en tenant compte du contexte radicalement différent qui fut le sien, nous pouvons penser qu'elle aussi eut raison de se montrer un peu orgueilleuse, faute de quoi elle se serait effondrée.

Heureusement donc, qu'elle était dure parfois, apparemment insensible, et toujours consciente de sa force, sinon nous ne l'aurions jamais connue.

N'y aurions-nous pas perdu beaucoup ?

Conclusion

A tale told by an idiot, full of sound and furor — signifying nothing

L'histoire que nous venons de lire, « pleine de bruit et de fureur », Marta Hillers la vécut en journaliste devenue, à son insu, grand reporter dans la tourmente de l'Histoire, en témoin ; non pas « idiot », comme le dit Shakespeare, mais remarquable par sa lucidité, son intelligence et le regard d'ironie amère qu'elle porta sur les protagonistes de la tragédie.

Nous savons qu'elle fut exposée à la haine pour avoir osé dire la vérité sur les crimes de l'État allemand, comme ne cessent de l'être, partout journalistes, et écrivains. Goebbels, le 4 octobre 1933, disait[1] :

« Tout le monde n'a pas le droit d'écrire, lit-on dès la page 18, seule une maturité nationale et de mœurs peut permettre d'obtenir le droit d'écrire. Ce droit est lié aux devoirs envers l'État. » Une longue liste de principes découlait de ce préambule impératif, par exemple : « Seul celui qui est membre de l'Association de presse allemande du Reich (la RDP) peut exercer le métier de journaliste », ce qui implique :

1. Voir sur Internet l'article de Paul Pasteur « S'adapter ou Résister ? » et le texte de cette loi sur les journalistes.

1. Qu'il atteste de son aryanité, en fournissant de nombreux certificats tamponnés, authentifiant sept ascendants pour un célibataire ou un veuf; le double pour un homme marié.

2. Qu'il puisse prouver sa fiabilité politique…

De là, l'établissement d'une liste noire sur laquelle figuraient les noms de suspects, le plus souvent dénoncés, parmi lesquels, au premier chef, des Juifs, et n'importe qui, n'appartenant même pas à un réseau de Résistance, par exemple une femme ayant spontanément ouvert sa porte à une autre recherchée par la police, parce que Juive.

De là aussi, le nombre considérable de suicides, car tout le monde redoutait la déportation à Dachau, brandie comme la pire menace pour tout journaliste qui refuserait la « mise au pas ». Exemple spectaculaire, le suicide d'un ancien conseiller général, Hillebrandt, à Francfort-sur-l'Oder[2]: « De telles tragédies humaines révèlent le choc terrible que représentait pour l'individu la « mise au pas ». Ce sont précisément les hommes les plus disposés à servir, voire les plus ardents à la tâche, que les loisirs forcés condamnèrent à un naufrage moral.

Marta Hillers n'eut pas à subir une détresse de ce genre et elle ne connut pas la tentation du suicide. Cependant, avec ce sens de la vérité et l'exigence morale qui lui est naturellement associé, elle fut haïe de certains Allemands ; son Journal, rédigé dans l'angoisse et avec courage, lui valut la fuite. Ayant la parole facile, elle fut scrutée à la loupe par ses détracteurs. On lui imputait un flot de paroles, supposé recouvrir le vide de sa pensée. La multiplicité de ses citations, d'ailleurs très orientées, ajoutait-on, étaient faites pour lui donner l'image d'une femme instruite qu'elle n'était pas ! En outre, n'avait-elle pas beaucoup voyagé, preuve flagrante de son peu d'estime pour son pays à qui elle avait préféré d'autres (la France par exemple) ? Elle n'était pas

2. Rapporté par la *Neue Frei Presse* (la nouvelle presse libre) en mai 1938.

Juive, mais avec quelle stupidité n'avait-elle défendu la «pourriture juive»? Enfin, ses relations d'amitié avec les Russes, les pires ennemis des Allemands, que dénotaient-elles? Avec quelle facilité ne s'était-elle pas laissé abuser par ceux qu'elle appelle les Ivans!

Oui, Marta Hillers avait pris conscience, un jour, de sa qualité de témoin. Mais, si elle avait pu jouer ce rôle, bien malgré elle d'ailleurs puisqu'elle n'envisageait pas de publier son Journal, c'est pour elle qu'elle l'avait tenu afin de se maintenir en vie et de se protéger du désespoir. Plus tard et surtout après sa mort en 2001, ses amis décidèrent de le faire lire. Scandale que cette publication? Aux yeux de qui?

Sans revenir sur les qualités du témoignage, rappelons avec quel souci d'extrême précision et de nuance, elle écrivait. Elle n'écrase personne de mépris et moins encore de haine: elle s'est efforcée seulement de comprendre les Russes et les Allemands. C'est cela le témoin: celui qui s'efface lui-même pour donner à voir et à comprendre ce qu'il a vu de ses yeux, en évitant les commentaires et jugements abrupts sur les personnes, comme sur des événements qui le dépassent. Très rares seraient les historiens dont les analyses ne recouperaient pas celles de Marta Hillers. Et rares ceux qui n'ont pas recueilli le plus de témoignages possible sur les crimes commis des deux côtés—et sur le châtiment de ces crimes.

Pour les nazis, ce fut *relativement* simple.[3] Relativement, parce que, par-delà toutes les difficultés juridiques et morales, les crimes étaient flagrants, incontestables, gigantesques. Entre le 16 octobre 1945 et le 1er octobre 1946, le Tribunal militaire international jugea à Nuremberg 22 «grands» criminels de guerre accusés de complot, de crimes contre la paix, de crimes de guerre et de crimes dits déjà «contre

3. Voir sur Internet les comptes rendus d'audience, ainsi que pratiquement tous les livres d'histoire et les journaux de l'époque.

l'humanité». Douze des accusés, reconnus coupables, furent condamnés à mort, parmi lesquels Hans Frank, Herman Göring, Alfred Rosenberg et Julius Streicher. Trois peines de prison à vie furent prononcées et quatre peines de prison allant de 10 à 20 ans. Trois accusés furent acquittés.

Par parenthèse, je m'arrêterai un instant à Julius Streicher, l'un des 22 «grands» criminels, dont le nom vient d'être cité: un cas exceptionnel par la contradiction avec laquelle cet individu paradoxal disait admirer les Juifs, tout en les haïssant à un point fantasmatique rarement atteint. Expert en exégèse biblique—il avait lu pendant vingt-cinq ans le Talmud—il déclara, en un dernier défi, au moment d'être pendu: «Ce sont les Juifs qui vont être contents! C'est Pourim!» Sinistre anecdote rapportée par Bernard Benyamin et son collaborateur (qui créa le magazine *Envoyé spécial*).

Il a été établi par les deux journalistes que Streicher faisait référence à la fête juive du *Pourim* commémorant, chaque année, les événements relatés dans le *Livre d'Esther*, vieux de deux mille ans, un fait historique qui fut le point de départ du *Code d'Esther*[4]; une enquête extraordinaire conduisit les deux journalistes de Nuremberg à Jérusalem et des banques de Zurich à la prison de Landsberg où Hitler rédigea *Mein Kampf*. De rencontres en révélations, ils découvrirent que le *Livre d'Esther* recèle un secret: la prophétie de l'extermination à venir de tous les Juifs, et même qu'existe une étrange ressemblance entre l'antique royaume perse d'Assuérus et son premier ministre Aman, et l'Allemagne d'Hitler et ses conseillers, parmi lesquels Julius Streicher.

Me contentant de renvoyer le lecteur à l'enquête des deux «Don Quichotte», je n'ai relevé qu'une curiosité, la plus stupéfiante peut-être: leur entretien avec le Professeur Neugroschel qui leur expliqua « la Meguila» (le code d'Esther), datant de l'an 450 de l'ère chrétienne: un codex servant à comprendre et à fixer, définitivement, le texte du

4. Éditions First-Gründ, Paris, 2012.

livre et ses interprétations, grâce à la connaissance précise de la « valeur » des lettres dans le texte hébreu, particulièrement des « petites lettres ».

Analyse faite devant les deux néophytes, souvent ébahis, le savant allégua que, dans le calendrier hébraïque, la date du 21 *Tichri*t 5707 correspond au 16 octobre 1946, la date de l'exécution de Julius Streicher...

Revenons aux procès des criminels nazis.

Le même Tribunal international laissa le soin aux tribunaux américains de juger, au cours de douze autres procès, des membres de la Gestapo, des SS et des industriels allemands, pour leur rôle dans l'application du code de Nuremberg (Nuremberg, le fief de Julius Streicher, donc d'Hitler par déduction élémentaire) : aryanisation, assassinats en masse de Juifs dans les camps de concentration, travail forcé, vente de zyklon B pour les chambres à gaz, meurtres perpétrés par les *Einsatzgruppen* (unités mobiles d'intervention). Ce fut le cas du SS Otto Ohlendorf qui sévit en Ukraine, bientôt arrêté, condamné à mort en 1948 et exécuté en 1951.[5]

Après 1945, furent jugés, pour crimes de guerre, par des tribunaux militaires dans les zones britannique, américaine, soviétique et française de l'Allemagne et de l'Autriche occupées, des fonctionnaires et des officiers de rang inférieur : gardiens des camps, policiers, médecins qui avaient participé à des expériences médicales.

En 1947, d'autres accusés furent jugés dans les pays où ils avaient commis leurs crimes, par exemple en Pologne Rudolf Höss, le commandant du camp d'Auschwitz, qui y fut pendu. Plusieurs nazis furent condamnés à des peines légères, au prétexte qu'ils avaient obéi aux ordres de leurs supérieurs. Un certain nombre d'authentiques criminels nazis reprirent rapidement une vie normale dans la société allemande, notamment dans le monde des affaires. De très nombreux criminels ne furent jamais jugés ou punis.

Simon Wiesenthal et Beate Klarsfeld n'ont cessé de

5. *Cf.*, ci-dessus, p. 43.

multiplier les recherches de ceux qui s'étaient réfugiés en Amérique latine particulièrement, au centre desquels Adolf Eichmann, jugé à Jérusalem et condamné à mort en 1961.

Ce travail, incessant, épuisant, fut *relativement* simple, parce que, au fil des années, tout le monde savait — ou pouvait savoir — ce qui s'était passé; que les témoignages de rescapés juifs et non juifs se multiplièrent, par exemple ceux de Primo Levi, Charlotte Delbo, Jean Améry, Germaine Tillion, ainsi que d'autres, rendant impossible le moindre doute et réclamant de la justice qu'elle s'exerce de la façon la plus rigoureuse. (Réclamation loin d'être toujours entendue).

Mais pour les Soviétiques, soupçonnés d'avoir commis des crimes sexuels, ce fut beaucoup plus compliqué, pour ne pas dire impossible, parce que «l'homme nouveau» ne pouvait pas être un violeur; le laisser entendre revenait à salir l'honneur du soldat soviétique, son héroïsme, ses sacrifices, sa volonté de combattre pour la paix, et oublier les 25 millions de militaires et civils, morts pendant la guerre.

Il faudra attendre les années 1990 pour que les viols soient «évoqués», prudemment: on les jugeait condamnables mais compréhensibles, au vu de la légitime vengeance des soldats soviétiques et de la liberté de mœurs des Allemandes. De plus, il fallait tirer un trait. «Ce n'est que très récemment, écrit Norman M. Naimark, que les Russes commencèrent à débattre ouvertement et sans passion du viol des Allemandes pendant la guerre.

Précisons que certains vétérans ne purent jamais tirer un trait; ce fut le cas par exemple de Leonid Rabichev qui raconta une scène particulièrement horrible. Après avoir attaqué un convoi de civils allemands en fuite, les soldats soviétiques («des milliers»? J'ai dû relire trois fois) séparèrent les enfants et les personnes âgées, et «oubliant tout honneur et devoir se jetèrent sur les femmes et les jeunes filles»:

«Les femmes, les mères et leurs filles se tenaient de chaque côté de la route; devant chacune d'elles se tenait une file hurlante d'hommes, le pantalon baissé [...] Les commandants, majors et colonels se tenaient sur la route, certains riaient, d'autres dirigeaient les opérations ou y mettaient bon ordre. Ainsi, tous les soldats purent y participer.»[6]

Je ne crois pas qu'aucun de ces officiers ait été sanctionné.

Plus tard, ce même L. Rabichev, peintre et écrivain, décida d'écrire ses souvenirs. Il montra le manuscrit à son amie et écrivain Olga Llnitskaya, qui insista pour qu'il le détruise: cela ne doit jamais voir la lumière du jour, lui dit-elle. Il refusa. Par exigence morale:

> «Comme une épine, enfoncée dans ma chair et dans celle de toute une génération. [...] C'était [...] un extrait d'un siècle criminel, avec sa dékoulakisation des années 1930, le Goulag, les morts de dizaines de milliers d'innocents, l'occupation de la Pologne en 1939—il est impossible de quitter cette vie avec dignité sans repentance. J'étais commandant d'un peloton, cela me rendait malade mais c'était comme si je regardais cela de loin, et mes soldats qui faisaient la queue dans ces files horribles, riant alors qu'ils auraient dû brûler de honte, se transformant en criminels contre l'humanité.»

Elle est remarquable, cette confession, par sa sincérité, sa douleur, la conscience d'une sorte d'impuissance à intervenir, et sa dignité. Dignité de soldat et dignité d'homme, tout simplement.

C'est précisément sur la dignité que je terminerai.

Dignité de Marta Hillers, telle que la donne à voir et à admirer, non seulement son Journal, mais le film qui lui a été consacré.

6. *Op.cit.*, p. 221.

Anonyma. Eine Frau in Berlin, Max Färberbök (2008)

Un grand film, à quelques réserves près.

La reconstitution de Berlin sous les bombes et en feu est magnifique dans son impressionnisme avec ces couleurs qui bougent, s'attirent et se heurtent : le rouge, l'ocre, le vert et le flou par instants. Puis le bruit assourdissant, accompagné d'une musique répétitive qui s'entend dès l'ouverture du film jusqu'au dénouement, laisse une impression pénible, lancinante, cruelle — celle-là même du Journal de Marta Hillers.

L'immense cave est parfaite dans son architecture, et la galerie de portraits des personnages renvoie une image on ne peut plus juste de ce qui s'y vivait d'angoisse, de terreur et de drôlerie. Deux résidents s'imposent : la veuve, remarquable de vérité dans sa hauteur et sa distinction et le docteur en chimie de la fabrique de limonades qui ne cesse de parler, comme il se doit. Deux autres crèvent l'écran : Gisela, l'amie de toujours, belle et chaleureuse, à la magnifique chevelure (on comprend qu'elle l'ait dissimulée sous un foulard pour échapper aux Ivans !) et Gerd, l'ancien compagnon, qui rentre du front dépenaillé, amer et écrasé par la défaite allemande. Sa colère, quand il lit le Journal de Marta et la fameuse phrase qu'il lui lance au visage, se traduit dans le film par une fureur contre les objets et les meubles qu'il renverse et casse.

Les soldats soviétiques sont eux aussi parfaits de veulerie et de brutalité. Anatol cependant est moins hideux mais tout autant avide de « la chose ». Les autres qui vont et viennent comme chez eux, décontractés et toujours à l'aise, sont de pures brutes, à l'exception de l'un ou l'autre (mais les trois Russes si sympathiques ont été gommés ?) Le major, élégant, distingué, délicat occupe tout l'espace, cependant ses relations avec Marta sont « idyllisées » au point de changer le sens de ces relations surtout économiques…

Quant à l'interprète du rôle titre, la célèbre et superbe Nina Hoss, elle est elle-même stylisée en jeune femme éblouissante, fragile et forte tout à la fois (à cet égard, elle est parfaite), mais on peut regretter que l'ironie glacée, caractéristique du ton du Journal, ait été effacée au profit de sa seule beauté.

Reste que l'attitude foncière de Marta Hillers, à savoir sa dignité, est remarquablement suggérée : trois fois, on la voit en train de rédiger son Journal, avec autant de rapidité et d'amertume que de concentration et de colère. Et, surtout, les dernières images la montrent pédalant sur son vélo avec rage et douleur dans Berlin en ruines, sous les yeux de soldats qui ricanent, qu'elle ne regarde pas, confèrent à l'interprète une dignité, celle de Marta Hillers, sortie victorieuse de la tragédie.

C'est de cette dignité que j'ai voulu témoigner.

Si fractus illibatur orbis,
Impavidun ferient ruinae

La voûte du ciel s'écroulerait,
que ses ruines le frapperaient sans
l'ébranler

Ces vers d'Horace, Marta Hillers les avait envoyés à des amis de Stockholm

> « comme pour vanter ma force », écrivait-elle, « mais peut-être aussi pour me donner du courage, et j'ai parlé de l'intensité de notre existence menacée, sur un ton légèrement teinté de compassion, comme si, arrivée à l'âge adulte et entrée au cœur même de la vie, je parlais à de petits innocents qu'il valait mieux ménager. »

C'était le 21 avril, à 2 heures du matin, six jours avant l'arrivée des Ivans.

Par ces mots, Marta Hillers disait tout d'elle-même : penchant à la fierté, désir d'aider les autres — de les ménager en gardant pour elle ses propres angoisses, son caractère « adulte » ; il la plongea au cœur même de l'histoire de son pays — et son courage, à la racine de sa dignité.

Bibliographie sélective

Articles sur Marta Hillers

«Un témoignage unique», Florence Tamagne, Le Portail des livres et des idées, 2008

«Des palmes pour nager dans la vase. Marta Hillers, Lacan, Spinoza», Marie-Anne Puveau, pensée du discours, hypothèses, 2011

«Seules dans Berlin», Lorraine Rossignol, *Le Monde*, 2008

Livres, enquêtes, articles

— Thèmes croisés avec ceux de Marta Hillers

Viols en temps de guerre, 14 enquêtes, en particulier celle menée par Norman M. Naimark, Payot, 2011 ;

Viols pendant la guerre d'Algérie, Raphaëlle Branche, Vingtième siècle, Revue d'histoire 75, juillet-septembre 2002 ;

— Thèmes parallèles

Un merveilleux malheur, Boris Cyrulnik, Odile Jacob, 2002 ;

« La résilience », Michel Manciaux, *Revue Études*, octobre 2003 ;

Le péché et la peur. La culpabilisation en Occident, XIV-XVIIIe *siècles* Jean Delumeau, Fayard, 1978 ;

Soi-même comme un autre, Paul Ricœur, Le Seuil, 1991 ;

La terre et les rêveries de la volonté, Paul Ricœur, 1947, José Corti, 2004 ;

Étrangers à nous-mêmes, Julia Kristeva, Fayard, 1998 ;

Musiques de nuit, Michel Schneider, Odile Jacob, 1987 ;

« La nuit allemande », *Magazine littéraire*, juillet-août 1987

Histoire des larmes, Anne Vincent-Buffault, XVIII-XIXe siècles, Rivages /Histoire, 1986

Le Code d'Esther, First-Gründ, Paris, 2012

Remerciements

Je remercie ma famille et mes amis de m'avoir incitée à ne pas abandonner la rédaction de l'ouvrage que l'on vient de lire qui, assez souvent, me parut impossible, parce qu'il existe si peu sur Marta Hillers, à l'exception de quelques articles remarquables, parmi lesquels celui de la journaliste Lorraine Rossignol ; en dépit de mes recherches en France et en Allemagne, je n'ai jamais pu obtenir le moindre renseignement qui m'eût permis de parler un peu de Marta Hillers, après 1945 !

Je remercie également mon éditeur, Daniel Cohen, de m'avoir fait confiance et d'avoir eu l'audace de publier un essai sur une inconnue, entrée dans l'Histoire bien malgré elle, et disparue après la Second Guerre mondiale, sans laisser beaucoup de traces.

Je remercie enfin le hasard, un hasard providentiel, comme pour mes autres essais, grâce auquel j'ai eu le bonheur de vivre deux ans avec cette petite Allemande, dite de rien du tout, femme de vérité, de courage, de profonde humanité.

Table des matières

Achevé d'imprimer par Corlet Numérique - 14110 Condé-sur-Noireau
N° d'Imprimeur : 113828 - Dépôt légal : décembre 2014 - *Imprimé en France*